Klaus Pantle

Gotteserfahrungen

Klaus Pantle

Gotteserfahrungen

Stuttgarter Predigten 2010-2014

Fromm Verlag

Impressum / Imprint
Bibliografische Information der Deutschen Nationalbibliothek: Die Deutsche Nationalbibliothek verzeichnet diese Publikation in der Deutschen Nationalbibliografie; detaillierte bibliografische Daten sind im Internet über http://dnb.d-nb.de abrufbar.

Bibliographic information published by the Deutsche Nationalbibliothek: The Deutsche Nationalbibliothek lists this publication in the Deutsche Nationalbibliografie; detailed bibliographic data are available in the Internet at http://dnb.d-nb.de.

Verlag / Publisher:
Fromm Verlag
ist ein Imprint der / is a trademark of
OmniScriptum GmbH & Co. KG
Heinrich-Böcking-Str. 6-8, 66121 Saarbrücken, Deutschland / Germany
Email: info@frommverlag.de

Herstellung: siehe letzte Seite /
Printed at: see last page
ISBN: 978-3-8416-0470-5

Inhaltsverzeichnis

Gewalt und Vertrauen

Predigt über Römer 13, 8-12

Seid niemandem etwas schuldig, außer dass ihr euch untereinander liebt; denn wer den andern liebt, der hat das Gesetz erfüllt. Denn was da gesagt ist (2.Mose 20,13-17): »Du sollst nicht ehebrechen; du sollst nicht töten; du sollst nicht stehlen; du sollst nicht begehren«, und was da sonst an Geboten ist, das wird in diesem Wort zusammengefasst (3.Mose 19,18): »Du sollst deinen Nächsten lieben wie dich selbst.« Die Liebe tut dem Nächsten nichts Böses. So ist nun die Liebe des Gesetzes Erfüllung.

Und das tut, weil ihr die Zeit erkennt, nämlich dass die Stunde da ist, aufzustehen vom Schlaf, denn unser Heil ist jetzt näher als zu der Zeit, da wir gläubig wurden. Die Nacht ist vorgerückt, der Tag aber nahe herbeigekommen. So lasst uns ablegen die Werke der Finsternis und anlegen die Waffen des Lichts.

1

Paulus kannte das Böse. Er kannte die Nachterfahrungen, die das Böse hervorruft und machte sich darüber keine Illusionen. Zeit und Gegend, in denen er lebte, waren geprägt von unberechenbarer Gewalt, die jeden Menschen, zumal jeden Christen treffen konnte. Das wusste keiner besser als Paulus, war der doch selbst ein notorischer Gewalttäter, einer der vor seiner Bekehrung zu denen gehörte, die Christen verfolgten und ihnen körperliche Gewalt zu teil werden ließen. Paulus kannte das Gefühl der Täter, das sie verspüren, wenn sie den Leib anderer Menschen quälten. Später lernte er auch die andere Seite kennen, die des Opfers, dessen Körper man zerstören wollte und am Ende auch zerstörte, indem man ihn ermordete. Paulus war Experte für Gewalt. Er kannte das Böse. Er kannte die Nacht-Erfahrungen, die das Böse hervorruft und machte sich darüber keine Illusionen.

Das Thema Gewalt ist eines, das uns nach wie vor beschäftigt. Die Folgen von Gewalt, Gewaltexzesse, mitten in unserer zweitausend Jahre nach Paulus eigentlich zivilisierteren Welt, schockieren und entsetzen uns. Mitten in unserer Welt erschießen zwei Jungs die Familie des einen, mitten unter uns richtet ein Kind an einer Schule ein Massaker an. Und durch den Prozess gegen Radovan Karadžić vor dem Kriegsverbrechertribunal in Den Haag wird wieder die Erinnerung an das Massaker an achteinhalb Tausend muslimischen bosnischen Männern in dem kleinen Dorf Srebrenica durch serbische bosnische Marodeure hochgespült. Viele direkte und mittelbare Opfer des grauenvollen Bosnienkrieges leben übrigens unter uns, vor allem hier in Süddeutschland, vor allem Witwen und vergewaltigte Frauen und Kinder, unauffällig, ruhig und zugleich noch immer tief traumatisiert.

Es ist nicht einmal unbedingt die Gewalt, die durch gewalttätige Aktivitäten versucht, Land zu gewinnen oder Besitz an sich zu raffen, die uns fassungslos macht. Dieser Art von Gewalt, so ekelhaft sie auch sein mag, kann man immerhin noch einen gewissen Sinn zuordnen, so pervers dieser auch sein mag. Man kann sie irgendwie noch rational fassen. Das, was uns vollkommen fassungslos macht, ist die sinnlose Gewalt, die einfach so, ohne nachvollziehbaren Zweck, die Körper von Menschen malträtiert und zerstört. Es ist das Böse in Reinkultur. Es ist das, wovor der öffentliche Blick gerne zurückschreckt, was er am liebsten ignoriert. Selbstmordattentätern schreibt man gerne zu, dass sie sich im Moment der Tat in einem psychischen Ausnahmezustand befunden hätten, dass sie eigentlich krank und selbst traumatisiert seien, oder dass für uns unverständliche religiöse Überzeugungen (wie Jungfrauen im Paradies als Belohnung für die Tat) dazu motivierten. Dass es das unermessliche Machterlebnis ist, das Täter im Zusammenhang der Tat erfasst, dass sie sich darin endlich einmal Gott-gleich fühlen können und dass Täter Lust am Quälen und Töten haben, das will man nicht wirklich sehen. Der Blick ins Auge des Bösen, der Blick durch den an manchen Stellen dünnen Firnis unserer Zivilisation und Kultur hindurch, schockiert. Das Unbegreifliche und doch wohl auch Menschliche möchte man lieber nicht wahrnehmen. Paulus hat den Blick davon nicht abgewandt. Er ist dieser brutalen menschlichen und sozialen Realität nicht ausgewichen. Sein Blick darauf war furchtlos und klar. Und auch seine Konsequenzen daraus. Jedenfalls auf den ersten Blick.

2

Seid niemandem etwas schuldig, außer dass ihr euch untereinander liebt; denn wer den andern liebt, der hat das Gesetz erfüllt. Die Liebe tut dem Nächsten nichts Böses. So ist nun die Liebe des Gesetzes Erfüllung.

Ob Paulus es uns da einfach macht? Ob das das probate Mittel ist, zwischen uns, in unserer Gesellschaft und darüber hinaus den unterschiedlichen Formen von Gewalt zu begegnen? Es gibt eine lange Diskussion über den Sinn des Liebesgebotes und den Möglichkeiten bzw. Unmöglichkeiten, die es von uns Menschen verlangt.

Die eine Seite sieht das ganze optimistisch. Natürlich macht das Gebot Sinn. Es dient der Erziehung des Menschengeschlechts. Ein schlechter Mensch ist erziehbar. Menschen sind bildungsfähig. Unsere Kultur und Zivilisation sind entwickelbar hin zum Positiven. Spätestens dann, wenn die Lebensressourcen gerecht an alle verteilt sind, werden wir so etwas Ähnliches wie das Heil auf Erden erreicht haben. Das ist machbar.

Die andere Seite sieht das pessimistisch. Der Mensch ist und bleibt ein aggressives Wesen. Das wird sich niemals ändern. Zivilisation und Bildung können zwar zur Selbstbeherrschung und zu zivilen zwischenmenschlichen Verhältnissen führen. Aber dieser Firnis der Kultur kann jederzeit reißen und der Mensch wird wieder zum Wolf des Menschen. Auch das Liebesgebot hilft an dieser Stelle nicht viel weiter. Es kann im Gegenteil höchst ambivalente Wirkung haben. Es gibt diesen berühmten Satz von Siegmund Freud, dessen Wahrheitsgehalt leider nicht ganz von der Hand zu weisen ist: „Nachdem der Apostel Paulus die allgemeine Menschenliebe zum Fundament seiner christlichen Gemeinde gemacht hatte, war die äußere Intoleranz des Christentums gegen die draußen Verbliebenen eine unvermeidliche Folge gewesen.“ Freud erwischt tatsächlich einen wunden Punkt bei Paulus, der auch in unserem Predigttext aufscheint. „Lasst uns ablegen die Werke der Finsternis und anlegen die Waffen des Lichts“, schreibt er. Das gelebte Liebesgebot als Waffe? Als Panzer des Glaubens, Helm der Hoffnung, als geistliche Rüstung für die Soldaten Christi im Kampf gegen die Nacht bringenden menschlichen Werke der Finsternis? Die Errichtung eines „religiös-militärischen Komplexes“ (Gerhard Marcel Martin) gegen das Böse?

Vielleicht muss man an dieser Stelle noch einmal bei Jesus und seinem Verständnis des Liebesgebots nachschauen, um seine Tiefe ganz zu begreifen. Jesus verschärft das Liebesgebot in der Bergpredigt dermaßen, dass klar wird: Umsetzen, so leben, wie gefordert, kann dies kein Mensch. Jesus sagt z.B.: „Ihr habt gehört, dass zu den Alten gesagt ist: Du sollst nicht töten. Ich aber sage euch: Wer mit seinem Bruder zürnt, der ist des Gerichts schuldig. Wer aber zu seinem Bruder sagt: Du Nichtsnutz! Der ist des Hohen Rats schuldig. Wer aber sagt: Du Narr! Der ist des höllischen Feuers schuldig.“ (Matthäus 5,21-22). Jesus benutzt die Zehn Gebote und das Liebesgebot, das auch für ihn die Zusammenfassung und der Kern der Gebote ist, um uns klar zu machen: „Das Gebot steht, aber kein Mensch kann es aus eigener Kraft halten. Jeder wird daran scheitern. Jeder ist schuldig. Keiner kann sagen: Ich bin besser als du. Wir sind besser als ihr. Gut Leben könnt ihr nur aus der Vergebung heraus. Einander lieben, so wie es gefordert und gut ist, könnt ihr nur, wenn ihr versucht, mir nachzufolgen. Der Geist Gottes wird euch erfüllen und Liebe in euch wirken.“

3

Die Nacht ist vorgerückt, der Tag aber nahe herbeigekommen. So lasst uns ablegen die Werke der Finsternis und anlegen die Waffen des Lichts.

Der, auf dessen Ankunft wir im Advent und an Weihnachten symbolisch begehen kommt ohne Waffenrüstung, auch ohne religiöse Waffenrüstung. Er kommt als nacktes, wehrloses Kind. Und er wird als Erwachsener zu jemandem, der gerade nicht einem Soldaten Gottes gleicht, der mit religiös-militärischen Waffen gegen das Böse kämpft. Viel eher gleicht er einem Narren, der es mit aus menschlicher Perspektive närrischen Mitteln versucht, mit dem Bösen aufzunehmen und das Böse zu verwandeln. Wehrlos, ohne Panzer, scheinbar naiv, mit Worten und Gesten der Liebe agiert er im Sinne seines Vaters. Und durch seine Worte und Taten bricht das an, was er das Reich Gottes nennt. Es ist die lichte, die neue Zeit, die er bringt, die Zeit, in der die Liebe herrscht und nicht die Gewalt. Jesus ist der menschgewordene Gott der Liebe. Er ist ein bedingungslos Liebender. Liebende sind Narren. Sieht man sich sein Schicksal an, dann begreift man, dass das Süßliche und Romantische, das man gemeinhin mit dem Advent verbindet, wenig zu tun hat mit dem, was eigentlich dahinter steht. Das Holz, aus dem die Krippe ist, ist dasselbe Holz, aus dem das Kreuz ist. Dem liebenden Narren wird der Weg durch das Leiden, durch die den Körper zerstörende Gewalt nicht erspart. Er weiß, was ihm blüht und lässt sich trotzdem nicht beirren und trägt am Ende den Sieg davon. Daraus, liebe Gemeinde, können wir unsere Hoffnung ziehen, unsere Hoffnung angesichts einer Welt, in der es viel zu viel Lieblosigkeit und Menschen zerstörende Gewalt gibt. Liebende sind Narren. Glaubende sind Narren. Die, die Jesus nachfolgen und in der Taufe dem Bösen absagen und Liebe zu leben versuchen, sind Narren. Sie versuchen, die neue Wirklichkeit der Liebe einfach zu setzen durch die Tat. Sie wissen, dass das nicht machbar ist, dass das nicht aus menschlicher Kraft heraus zu schaffen ist. Wenn es gelingt, ist es oft kaum erklärbar oder nachvollziehbar. Man kann das nur im Vertrauen auf Gott. Manchmal geschieht es, automatisch, geistgewirkt, einfach so: Die Wirklichkeit wird licht. Mitten im Jetzt ist die neue Zeit erfahrbar. Nächstenliebe gelingt. Die Macht der Gewalt ist zerbrochen. Alles ist neu geworden.

4

Der aus Sarajevo stammende Schriftsteller Miljenko Jergovic erzählt in seinem Buch „Sarajevo Marlboro“ eine Geschichte, die für mich eine beeindruckende Adventsgeschichte ist, auch wenn es auf den ersten Moment gar nicht so scheint:

Man hätte ein Leben lang suchen können, einen dermaßen bösartigen Menschen hätte man in ganz Bosnien kein zweites Mal gefunden. Musa war immer schlecht gelaunt, keiner durfte ihm in die Augen schauen, sonst setzte es was. Er prügelte wahllos, Kinder wie Erwachsene, enge Verwandte wie Wildfremde und manch einer verlor davon einen Zahn oder einen Finger, aber keiner beschwerte sich. „Verflucht, Musa ist halt so", sagte man und zuckte mit den Schultern.

D. war das einzige serbische Dorf in der Umgebung der bosnischen Stadt Zenica, aber das wurde für die Menschen erst relevant, als sich die Jugoslawische Volksarmee zurückzog. Die Bewohner bekamen jeder drei Schusswaffen und Unmengen Geschütze, Gewehre und MGs geschenkt. Der Befehl lautete, Haus und Hof mit Mann und Maus bis zum letzten Atemzug zu verteidigen. Als Kommandant wurde der Woiwode Musa eingesetzt. Der erschien von nun an in eindrucksvoller militärischer Kostümierung und mancher der Einwohner träumte schon davon, unter seiner Führung einen Ausfall nach Zenica zu machen. Es reizte sie einfach, die Stadt zu überfallen. Aber Musa blieb die nächsten zehn Tage und Nächte ständig betrunken und kam nicht aus seiner Befehlszentrale heraus. Täglich wechselte er seine Stellvertreter. Die jeweils Neuen begrüßte er mit einem Schlag auf die Schulter, die Alten verabschiedete er mit Backpfeifen.

Hätten die Zenicer sich nicht eines Tages dazu entschlossen, das Dorf zu erobern, wäre das noch ewig so weiter gegangen. Nach einem ersten Beschuss stellte Woiwode Musa den Gegnern ein Ultimatum. Entweder sie zogen sich zurück, oder er würde Zenica dem Erdboden gleichmachen. Es funktionierte, sie zogen sich zurück, Musa ergab sich wieder dem Trunk und befahl den Dörflern, nicht ohne seinen ausdrücklichen Befehl zu schießen. Niemand traute sich dagegen zu handeln, aber alle Dörfler waren der Überzeugung, dass, wenn Musa nur wollte, sie Zenica sang- und klanglos verschwinden lassen würden. Denn wenn ihn die eigenen Leute schon so sehr fürchteten, wie mussten dann erst die primitiven Muslime und Kroaten die Hosen voll haben.

Die wurden aus Musas Taktik nicht schlau. Weder wollte Musa kämpfen noch verhandeln noch ließ er sich bestechen. Seine Flüche brannten wie die Hölle, sie schlugen ein wie das reine Böse.

Der Angriff auf D. begann schließlich mit einmonatiger Verzögerung. Diesmal ignorierte die Gegenseite Musas Drohungen und zog die Sache einfach durch. Musa brüllte herum, der Belagerungsring zog sich enger, die Leute starben mit dem Gewehr in der Hand und durften nicht schießen. Keiner begriff was im Kopf des Woiwoden vorging.

Am dritten Tag der Offensive ließ der Woiwode dann doch noch drei Granaten auf die Stadt werfen aber er befahl sie nicht zu entsichern. Am Abend rief er alle Männer im Dorf zusammen und nahm ihnen sämtliche Waffen ab. Danach rief er die Befehlshaber Zenica an und sagte, sie könnten am nächsten Tag um 12 Uhr in D. einrücken.

Alle hörten den Schuss, aber niemand traute sich die Kommandantur zu betreten. Erst als die Zenicer um die Mittagszeit einrückten öffneten sie die Tür und fanden den schrecklichen Musa mit einem Einschuss in der Schläfe, einer Flasche Schnaps in der linken und einem Bildchen des Hl. Sava in der rechten Hand auf dem Boden.

In diesem Moment war für die Menschen in diesem Krieg an diesem Ort auf beiden Seiten der Front eine neue Zeit angebrochen. Einer hatte die Logik der Gewalt durchbrochen. Das hat ihm das Leben gekostet und den anderen das Leben gerettet. Was ihn zu seinem Verhalten bewegt hat, was der Grund dafür war? Das bleibt unerklärlich. Oder für Glaubende vielleicht auch nicht.

Der Geruch von Weihnachten

Predigt über Lukas 2, 1-20 und Matthäus 2, 1-11

1

„Hallo Mama, Weihnachten ist hier doof.“ Das schrieb Jakob in der vergangenen Woche per E-mail an seine Mutter. Jakob lebt zurzeit für ein Jahr als Austauschschüler in einer Kleinstadt in Alabama in einer amerikanischen Gastfamilie. „Hallo Mama, Weihnachten ist hier doof. Hier riecht es gar nicht.“

Vermutlich ist Weihnachten für ihn dort in erster Linie doof, weil ihn in dieser Zeit mehr Heimweh nach Eltern, Brüdern, Katze und Stuttgart plagt als sonst. Aber womöglich vermittelt sich für ihn Heimatgefühl tatsächlich über den Geruch. Und Fremdheit erfährt er durch unvertraute oder fehlende Gerüche. „Hier backt gar niemand“, schrieb er noch. Für ihn und für viele von uns hier ist es wohl gerade das, was Weihnachten ausmacht: Der Duft von gebackenen Plätzchen in der Wohnung, der Geruch von Zimt, Nelken, Kardamon und Anis, von Äpfeln, Orangen und Mandarinen, von Tannenbaum und brennenden Kerzen und Weihnachtsgans. Vielleicht gehört dazu auch der Geruch von Duftlampen oder von brennendem Weihrauch oder Myrrhe in Weihrauchmännchen dazu. Ohne den Geruch von Weihnachten ist Weihnachten nicht richtig Weihnachten. Vermutlich wird einem das erst richtig bewusst, wenn es einem fehlt. Der Geruch von Weihnachten löst weihnachtliche Gefühle aus. Und weihnachtliche Gefühle sind ganz wesentlich heimatliche Gefühle, Gefühle von Vertrautheit und Geborgenheit. Wenn das fehlt, dann kann Weihnachten doof sein - nicht nur für einen Fünfzehnjährigen.

2

Es ist tatsächlich so: „Der Geruchssinn ist der Sinn unseres Erinnerns und Begehrens“ (Jean-Jacques Rousseau). Man kann fragen, wen man will. Wer sich an das Haus seiner Kindheit oder an eine Jugendfreundin erinnern soll, wird nur vage Details vor Augen haben. Doch der kleinste Hauch irgendeines vertrauten Duftes genügt und schon sprudeln die Erinnerungen, und zwar nicht peu à peu, sondern ganzheitlich mit allen Aspekten.

Unser Geruchssinn funktioniert ungesteuert. Die Rezeptoren in der Nase nehmen chemische Informationen auf, wandeln sie in elektrische Signale um, die über Riechnerven ziemlich unvermittelt in der Großhirnrinde landen. Nichts prägt sich mehr ins Gedächtnis ein als Gerüche. „Gerüche greifen viel mehr ans Herz als ein Anblick oder Geräusche“ (Rudyard Kipling). Was man sieht und hört, verblasst schnell, doch sobald Geruch ins Spiel kommt scheint es nur noch das Langzeitgedächtnis zu geben. Wenn vertraute Gerüche wieder auftauchen, kommen sofort die Erinnerungen hoch und die damit verbundenen Gefühle. Gerüche sind Hüter und Wächter der Vergangenheit. Sie rufen natürlich nicht nur weihnachtliche Heimat- und Geborgenheitsgefühle aus der Kindheit hervor. Sie lösen nicht nur schöne nostalgische Erinnerungen und Gefühle aus. Gerüche können auch erinnern an alten Kessel und beschwerlichen Waschtag, an Luftschutzbunker und Brand, an Zerstörung und Verwesung.

Zugleich beschränken sich die durch Gerüche ausgelösten Emotionen aber nicht nur auf Vergangenes, auf maßgebliche Knotenpunkte unserer Biographien. Es steckt in ihnen auch ein Überschuss, ein Maß an Sehnsüchten, die über alle vergangenen Erfahrungen hinausgehen. Weihnachtliche Düfte können Sehnsüchte auslösen nach paradiesischen Gefilde und himmlischen Erfahrungen im Hier und Jetzt.

Kein Wunder, dass der Verlust des Geruchssinns bei Menschen oft schwere Depressionen auslöst. Unter Menschen ohne Geruchssinn gibt es eine hohe Selbstmordrate. Wie kann man leben ohne solch einen Sinn, der einen direkt in Verbindung bringen und in Beziehung halten kann mit seinen vergangenen und ersehnten Paradiesen?

3

Würden wir die Weihnachtsgeschichte wie ein Riechbuch lesen, dann würde es uns den Atem verschlagen vor lauter heftigen und extrem gegensätzlichen Gerüchen.

Hier ist der Stall. Wir finden uns wieder inmitten von Tieren und ihren Hinterlassenschaften. Ich stelle mir die Situation ungefähr so vor, wie man sie heute noch in Tibet oder Bhutan auf dem Land erleben kann: Wohnung und Stall unter einem Dach, unter dem Menschen und Tiere mit Schwärmen von Fliegen leben. Im Stall ist es warm. Aber gleichzeitig herrscht ein Geruch, der alles durchdringt und in allem hängen bleibt.

Dort ist der Königshof des Herodes - eine Welt der Großzügigkeit und des Luxus. Die römische Badekultur, die auch die lokale judäische Aristokratie für sich übernommen hatte, erscheint uns selbst aus heutiger Sicht noch beneidenswert: Wasserbecken mit Mosaiken, Dampfbäder, Duft-Öle, Aromatherapien, Balsam und Parfüme und was es sonst noch alles gab. Die oberen Schichten duften.

Hier sind die Hirten. Die Hirten - das sind die Verachteten, die Stinker, die, die man sich möglichst weit vom Leib hält. Sie leben draußen im Freien, bei Sonne, Wind und Wetter, ohne Dach über dem Kopf, ohne komfortable Waschgelegenheit, ohne Kleider zum Wechseln. Die Geruchserfahrung bei einer Begegnung mit ihnen mag vergleichbar sein mit der Konfrontation mit einem alten Obdachlosen heute in der Straßenbahn. Die alleruntersten Schichten riechen.

Mitten im Stall zwischen Eltern, Hirten und Tieren liegt das neugeborene Kind. Babys riechen frisch und süßlich. Kleinkinder riechen nach Leben, nach neuer Lebenskraft.

In diese Szene hinein treten die drei Weisen aus dem Morgenland. Sie kommen nicht nur, um das neugeborene Kind zu sehen und den Mensch gewordenen Gott anzubeten. Sie bringen auch Geschenke mit: Weihrauch, Myrrhe und Gold, so heißt es. Wie kommen sie gerade darauf? Für die Menschen im Mittelalter war der Sinn dieser Geschenke leicht zu erklären. In diesem Zeitalter voller „Pesthauch und Blütenduft" war klar: Gold wird geschenkt wegen der Armut der Eltern, Weihrauch wegen dem Gestank im Stall und Myrrhe soll der Gesundheit des Kindes dienen. Das ist eine Vorstellung, die bis heute bezaubert. Gott wird Kind. Gott wird armes Kind. Und dieses arme Kind setzt kluge, mächtige und reiche Männer in Bewegung. Sie kommen und bringen Geschenke mit, um die Armut mit Gold und die Dominanz des Gestankes mit Wohlgeruch zu vertreiben. Und darüber hinaus bringen sie ein Heilmittel, um der besonderen gesundheitlichen Gefährdung, der jedes arme Kind bis heute ausgesetzt ist, entgegen zu wirken. Das ist eine zauberhafte Geschichte, eine Geschichte der Wandlung und der Verwandlung, schön und vorbildhaft zugleich: Durch Weihnachten kommt ein neuer Geruch in die Welt, der heilsam ist und Leben eröffnet.

Weihrauch und Myrrhe sind uralte Heilmittel, die bis heute eingesetzt werden gegen Entzündungen der unterschiedlichsten Art. Zugleich werden sie aber schon immer auch als Heilmittel im übertragenen Sinne als Heilmittel im geistigen und geistlichen Sinne verwendet. Weihrauch und Myrrhe als Räucherwerk entfalten unvergleichliche Gerüche. Man räucherte und räuchert bis heute in Gotteshäusern und in Wohnungen. Der Duft von Weihrauch und Myrrhe wird als Duft des Himmels erfahren – Himmelsduft, Zeichen göttlicher Gegenwart, ein Geruch als Vehikel, Gottesnähe leiblich, sinnlich, riech- und schmeckbar zu erfassen. „Das Geheimnis des Glaubens ist … offenbar im Fleisch“ (1. Timotheus 3, 16). Gottesbegegnung ist nach orientalischer Vorstellung mit einem Dufterlebnis verbunden. Der Himmelsduft vertreibt das Böse.

Dahinter steckt die uralte Kenntnis dessen, was wir erst heute neurophysiologisch nachvollziehen können: Die Duftwahrnehmung des Menschen wirkt auf Leib, Seele und Geist. Düfte können Menschen helfen, sich zu entspannen. Sie können zur Stimmungsaufhellung beitragen. Und sie können ihnen zur Ekstase, zur Gottes- und Welterkenntnis, verhelfen.

Weihrauch und Myrrhe öffnen den Weg zum Himmel.

Von der göttlichen Weisheit heißt es im Buch Sirach (24,20f.): „Ich – die göttliche Weisheit – strömte einen lieblichen Geruch aus wie Zimt und köstliche Würze und duftete wie die beste Myrrhe, … wie der Weihrauch im Tempel.“ Wo die göttliche Weisheit herrscht, strömt Wohlgeruch in die Welt. Wo die göttliche Weisheit sich in einem Menschen verkörpert, da breitet sich in dieser Welt ein Wohlgeruch aus, der diese Welt auf heilsame Weise verändert.

Diesen Gedanken bringt eines unserer schönsten Weihnachtslieder zum Ausdruck:

4

Es ist ein Ros entsprungen
Aus einer Wurzel zart,
wie uns die Alten sungen,
von Jesse kam die Art
und hat ein Blümlein bracht
mitten im kalten Winter

wohl zu der kalten Nacht.

Das Blümlein, das ich meine,
davon Jesaja sagt,
hat uns gebracht alleine
Marie, die reine Magd;
aus Gottes ewgem Rat
hat sie ein Kind geboren,
welches uns selig macht.

Das Blümelein so kleine,
das duftet uns so süß,
mit seinem hellen Scheine
vertreibt's die Finsternis.
Wahr Mensch und wahrer Gott,
hilft uns aus allem Leide,
rettet von Sünd und Tod.

In der Bildsprache des Chorals wird Jesu Geburt als Naturvorgang dargestellt: als Wachsen und Aufgehen einer schönen und wohlriechenden Blume in paradoxer Situation. Sie blüht auf in innerer und äußerer Kälte und in Dunkelheit. Ein wunderbares Geschehen auf Erden ist das – ein Geschehen, das von Gott kommt, aus seinem ureigenen Ratschluss.

„Lebt in der Liebe, wie auch Christus uns geliebt hat und hat sich selbst für uns gegeben als Gabe und Opfer, Gott zu seinem lieblichen Geruch." (Epheser 5, 2)

Der da kommt, ist wahrer Mensch. Er erfährt es an sich selbst. Er weiß um Tod und Leiden und Ohnmacht und Vergänglichkeit. Er kennt den Geruch der Slum-Bewohner. Er kennt die Ausdünstungen der Kranken und Sterbenden und derer, die sich in Todesangst befinden.

Aber der da kommt, ist auch wahrer Gott. Er kann machtvoll eingreifen, befreien und retten. Er vertreibt den Verwesungsgeruch durch seinen lieblichen, himmlischen Wohlgeruch. Jesus geht zu seinen Lebzeiten tatsächlich vor allem dahin, wo es stinkt. Er verwandelt was stinkt und schafft Wohlgeruch heilvollen Lebens.

„Der Geruchssinn ist (auch) unser Imaginationssinn. Er bringt unser Gehirn ständig in Aufruhr" (Jean Jacques Rousseau). Wohlgerüche, Weihnachtsdüfte, Menschen, die wir gut riechen können, das uns „so süß duftende Blümelein" – sie wecken in uns Sehnsucht auf ein Leben, das wohltuend ist und schön. Sie halten in uns das Prinzip Hoffnung lebendig auf etwas, „das allen in die Kindheit scheint und worin noch niemand war“: die Hoffnung auf eine Heimat, auf ein Umfeld, auf eine Atmosphäre, in der wir angenommen sind und uns geborgen fühlen und frei leben können.

5

Paulus sagt: „Gott aber sei Dank, der uns allezeit Sieg gibt in Christus und durch uns den Duft seiner Erkenntnis an allen Orten offenbart! Denn wir sind für Gott ein Wohlgeruch Christi unter denen, die gerettet werden, und unter denen, die verloren gehen: diesen ein Geruch des Todes zum Tode, jenen aber ein Geruch des Lebens zum Leben.“ (2. Korinther 2, 14-16)

Seit Jesu Geburt ist ein neuer Geruch in der Welt! Der „Wohlgeruch Christi“. Und seit seiner Auferstehung können wir den „Duft seiner Erkenntnis“ atmen – einen „Geruch des Lebens zum Leben“. Es ist ein Duftstoff, der aus der Welt Gottes kommt. Er verändert unsere irdische Welt. Er verändert den Todesleib irdischer Menschen und vertreibt den Verwesungsgeruch von der Erde. Es ist ein Weihnachtsgeschenk an uns von dem Gott, der will, dass wir leben. Und der zu uns sagt: Ihr seid mir ein Wohlgeruch. Ihr seid meine Menschen. Ich kann euch gut riechen!

So können wir leben – ergriffen und getrieben von Gottes Kraft, die zu uns gekommen ist und uns erfüllt.

So können wir leben – in Gottes Atmosphäre – und nicht nur eingebunden in unsere soziale Welt, in Beruf und Familie, in Politik und Wirtschaft – in Gottes Duftkreis, von Gott gerufen und im Gespräch mit ihm.

So können wir leben – vom Weihnachtsduft zum Glauben verführt und trotz aller Verwesungsgerüche um uns andere zum Glauben lockend und zum Leben führend.

In der griechischen Mythologie spielt der Panther eine interessante Rolle. Dort gibt es die Vorstellung, dass unter allen Tieren der Panther einen besonderen Wohlgeruch ausströmt. Mit dem lockt er die Beute an, die er dann schlägt. Im Mittelalter hat man in diesem Bild - in dieser gefährlichen Attraktivität des Panthers - Christus entdeckt: Christus - unheimlich im Reiz seines Geruchs, grandios in der Macht seiner Attraktivität und gewaltig in seiner Leben schützenden und Leben schaffenden Macht (Manfred Josuttis).

Das wirkliche Weihnachten beginnt möglichweise einfach so, dass man in den Weihnachtsgerüchen eine Spur entdeckt, dass man eine Witterung aufnimmt. Irgendwann schlägt der Panther dann zu. Und man verfällt jener Macht, die das Leben ist. Und man lebt das Leben. Man liebt es. Man kämpft dafür. Und feiert es.

„Stille Nacht – heilige Nacht“

Predigt zur Christnacht über Weisheit 18, 14

„Als tiefes Schweigen das All umfing und die Nacht bis zur Mitte gelangt war, da kam, o Herr, dein allmächtiges Wort vom Himmel, vom Königsthron herab.“ (Weisheit 18,14).

1

„Stille Nacht, heilige Nacht“ – dieses Lied gehört wie kein anderes zu Weihnachten. Schon Wochen vor dem Weihnachtsfest tönt es musikalisch weichgespült aus den Lautsprechern der Kaufhäuser. Auf dem Weihnachtsmarkt wird es quietschenden Kindergeigen entlockt. Über der Eisbahn wabert es im Bläsersound. Dieses Lied ist nicht totzukriegen. Es gehört einfach zu Weihnachten dazu. Gesungen wird es auf der ganzen Welt. In mehr als 300 Sprachen wurde es übersetzt und nachgedichtet. Bücher voller Legenden über seine Entstehung wurden geschrieben und sogar Filme darüber gedreht. Unter anderen gibt es ein „Stille Nacht“-Museum in Oberndorf im Salzburger Land und eine „Silent Night Memorial Chapel“ in „Bronner's Christmas Wonderland“ in der Christmas Lane in Frankenmuth/Michigan, USA. Das Lied ist zu einem Wirtschaftsfaktor im touristischen Bereich geworden. Und es wird vom Einzelhandel als hocheffiziente Marketingwaffe in der Vorweihnachtszeit benutzt.

Das hätten sich der Pfarrer Josef Mohr und der Lehrer und Organist Franz Xaver Gruber nie träumen lassen, als sie dieses Lied zu Weihnachten 1818 in ihrer Dorfkirche zum ersten Mal erklingen ließen.

Es muss tiefe Ursachen haben, dass dieses Lied von so vielen Menschen aus allen Bildungsschichten und Kulturkreisen so gerne gesungen wird. Die Melodie, die einer süditalienischen Hirtenweise ähnelt, versetzt einen tatsächlich in eine eigentümliche Stimmung. Viele versetzt sie direkt zurück in ihre Kindheit. Der Text, eine Art romantische Kunstdichtung, drückt zentrale menschliche Bedürfnisse aus: den Wunsch nach Stille und Frieden und die Sehnsucht nach Geborgenheit und Familienglück.

Das Bild, das dieses Lied malt, hat wahrscheinlich unser aller Bild von Weihnachten ähnlich nachhaltig geprägt wie die Weihnachtsgeschichte des Evangelisten Lukas. Es ist eine Szene eigentümlicher Ruhe und Abgeklärtheit. Die Eltern des neugeborenen Kindes, das „traute, heilige Paar“, halten Wache beim „holden Knaben mit lockigem Haar“ - inmitten einer schlafenden Umgebung - allein und abgeschottet von der Welt.

Wie unbewegliche Krippenfiguren erscheinen sie und strahlen „himmlische Ruh“ aus. Jede Not, wie sie die Weihnachtsgeschichte des Lukas schildert, fehlt. Es gibt keine bösen Herrscher, keine Flucht, keine Obdachlosigkeit, keinen Stall, keine Irritation über die für Josef alles andere als einfache Schwangerschaft Marias und keine Geburtsschmerzen.

Die Nacht ist still und heilig.

2

Ein geradezu biedermeierliches Idyll ist uns da vor Augen gestellt. Ist das eine Verharmlosung des originalen Weihnachtsgeschehens? Oder steckt auch hinter diesem Weihnachtsbild eine tiefe, für uns bedeutende und also „heilige“ Wahrheit? In jedem Fall scheint dieses Idyll tiefste Sehnsüchte in uns anzuregen. Denn unser Leben ist zumeist ganz anders.

Unser Leben ist zum Beispiel alles andere als still. Wir leben durch und durch Stille-los! Wirkliche Stille kennen wir Stadtbewohner/-innen überhaupt nicht mehr. Egal, wo man sich in Stuttgart befindet, ob in der Innenstadt oder in einem Stadtteil am Rand – überall ist ein fortwährendes Verkehrsrauschen zu hören. Wir alle sind lärmgeplagte Menschen und merken es oft gar nicht mehr. Aber wir spüren die Folgen: Denn Lärm macht krank. Lärm kann Hörschäden, Nervosität, Schlaflosigkeit und zahlreiche andere körperliche Krankheiten verursachen. Nach einer Erhebung des Deutschen Gewerkschaftsbundes ist der Lärm der allergrößte Krankmacher am Arbeitsplatz. Wir sind dem Lärm nahezu schutzlos ausgeliefert. Noch im 19. Jahrhundert war es in Städten wie Heidelberg, Marburg oder Basel verboten, dass Frauen nach 10 Uhr abends mit Stöckelschuhen durch die Straßen gingen. Die Schlafenden sollten nicht gestört werden. Heute ist es so, dass bei uns die allgemeine Lärmbelastung um durchschnittlich 0,6 Dezibel pro Jahr wächst. Allein im 20. Jahrhundert hat sich bei uns der Lärm verdoppelt. Man fragt sich, warum die Millionen lärmgeplagter Menschen keine Lobby haben wie sie diejenigen haben, die den Lärm verteidigen. Die haben den ADAC, den größten deutschen Verein, und das Transportgewerbe.

Viel Lärm um uns herum lösen wir aber auch selbst aus. Oft laufen Radio und Fernsehen einfach so nebenher. Viel zu häufig setzen wir uns ungeschützt der allgegenwärtigen Plapperkultur aus. Es ist allerdings auch nicht so einfach, sich dem zu entziehen. Denn aus unzähligen Kanälen wird bei uns 24 Stunden am Tag mehr oder weniger geistlos darauf los gequasselt: Politiker geben vorgestanzte Sprechblasen von sich. Mehr oder wenig Prominente lassen alle Hüllen fallen und leeren plappernd ihr völlig belangloses Privatleben Millionen von Fernsehzuschauern in die Ohren. Talkshowmaster laden Talkshowmaster in ihre Talkshows ein und sie unterhalten sich über Talkshows in Talkshows.

Es gibt vielfältigen äußeren Lärm, der uns plagt. Es gibt aber auch inneren Lärm. Die größten Krachmacher sind unsere Gedanken. Was uns durch den Kopf geht an Gedanken und Sorgen und Ängsten, was uns einfach nicht los lässt und was sich nicht abschalten lässt – das ist vielleicht das Schlimmste. Fast könnte man meinen: Weil da oben in unserem Kopf so viel Lärm ist, deshalb ist auch so viel Lärm in unserer Welt. Denn viel zu oft benützen wir den äußeren Lärm, um den inneren zu übertönen.

Und doch kann aller Lärm unsere Sehnsucht nach Ruhe und Stille, nach Frieden und Harmonie nicht überdecken.

3

Auch Josef Mohr und Franz Xaver Gruber waren bewegt von dieser Sehnsucht, als sie ihr Lied „Stille Nacht – heilige Nacht" schufen. Mohr stammte aus einem Salzburger Armenviertel. Er war eines von vier unehelichen Kindern einer Strickerin. Er litt heftig am Mangel „väterlicher Liebe". Dass er überhaupt zu einer vernünftigen Ausbildung kam, war ein Riesenglück für ihn. Und auch mit dem Frieden war es damals nicht weit her. Die langen Jahre der eben zu Ende gegangenen napoleonischen Kriege hatten im Salzburger Land große Zerstörungen angerichtet, mit katastrophalen Folgen für die Wirtschaft. Es ist also ein Traumbild, das Mohr und Gruber in ihrem Lied entworfen haben. Mit ihrem Bild von der heilen heiligen Familie in stillem Frieden haben sie ein Hoffnungsbild von einer besseren Welt in ihre eigene unheile Welt gestellt.

Weihnachten ist heute das mit Abstand am lautesten angekündigte Fest im Jahr. Damals war das anders. Die winterliche Jahreszeit wurde sehr viel direkter wahrgenommen. Man kannte noch richtige Dunkelheit und nächtliche Stille im Dorf. Und die Menschen waren ganz selbstverständlich vertraut mit der gottesdienstlichen Liturgie der Christnacht.

„Als tiefes Schweigen das All umfing und die Nacht bis zur Mitte gelangt war, da kam, o Herr, dein allmächtiges Wort vom Himmel, vom Königsthron herab." (Weisheit 18,14). Mit diesem Wort aus dem Buch der Weisheit wurde die Christmette eröffnet. Das muss eindrücklich gewesen sein: In der Mitte der Nacht wird genau das, wovon hier die Rede ist, begangen: In der Mitte der Nacht - aus schweigendem All - kommt das Wort, das Mensch wird, zur Welt.

Und im Blick auf Gott der im Kind als Mensch zur Welt kommt bekennt die Gemeinde mit Worten des 45. Psalms:

Du bist der Schönste aller Menschen, Anmut ist ausgegossen über deine Lippen.

Vielfach wurde diese stille nächtliche Szene damals auf Altar- oder Votivbilder gemalt. Den Menschen im bayrisch-österreichischen Raum war es vertraut, dieses Bild vom „trauten heiligen Paar" mit dem „holden Knaben im lockigen Haar", der „schläft in himmlischer Ruh."

Solche romantischen Bilder und Vorstellungen sind uns heute eher fremd. Und doch berühren sie insgeheim und können ein leises Sehnen und Hoffen in uns auslösen. Vielleicht können sie uns auch heute noch helfen, etwas von der tiefen Wahrheit zu begreifen: Diese stille Nacht ist eine heilige Nacht. Die heilige Nacht ist eine stille Nacht. Das Neue, das Überraschende, das Wunderbare und Not-wendende wird geboren aus der Stille in kosmisch-schweigender Nacht.

4

„Höre, mein Herz…
…das Wehende höre,
die ununterbrochene Nachricht,
die aus der Stille sich bildet"
(Rainer Maria Rilke).

In der Stille, und nur in ihr kann es geschehen, dass wir einen Zipfel erwischen, dass wir einen Schleier lüften und eine Ahnung gewinnen, ein Wissen vielleicht vom Grund unseres Lebens, den wir nicht erst gewinnen müssen. Er ist jetzt schon da. Für jeden und jede.

In der Stille erfahren wir den uns allen gemeinsamen Grund. Das uns allen gemeinsame Licht. Die uns allen gemeinsame Liebe. Den uns allen gemeinsamen unaussprechlichen Gott. In der Stille offenbart er sich: in der „Stimme verschwebenden Schweigens" wie einst dem Elia auf dem Berg Horeb (1. Könige 19). In der Stille der heiligen Nacht legt er sein bares, nacktes Wesen offen. In dieser Nacht „heißt's nicht lesen, sondern in sich gehen und der heiligsten Feierstunde des Jahres die Krippe im eigenen Herzen bereiten, dass sie drin, und der Heiland in ihr, recht innig zur Welt kommen möge!" (Rainer Maria Rilke).

Gott kommt zur Welt. Nicht mit lautem äußerlichem Spektakel. Leise kommt er zur Welt - in mir in meinem Herzen. Die stille, heilige Nacht ist die Nacht der Wandlung. Die Neuwerdung der Welt beginnt in meinem Herzen.

Stille ist fruchtbar. Stille gebiert Neues. Ohne Stille kann nichts Neues entstehen. In der Stille verbindet sich Gott mit uns Menschen. Gott kommt in unseren Herzen zur Welt und wir werden durch ihn zu wahren Menschen verwandelt. Das Dunkle in uns, die Wut, die Angst, der Hass, der Zorn, die Verletzungen, die Wunden und die Trauer beginnen sich zu wandeln. Wandel geschieht, indem wir das längst Vergessene und Verdrängte aus dem Dunkel holen und es erkennen und annehmen. Solche Wandlung kann geschehen in Stille. Das wird nicht immer angenehm sein. Dieser Weg in die Stille kann dem mühsamen und gefährlichen Weg der Hirten und der drei Weisen aus dem Morgenlande zum Kind gleichen. Es kann ein Weg durch eine dürre, steinige, düstere Landschaft sein, „bisweilen durchleuchtet von seltsamen Feuern, vor denen der Mensch Angst hat, bevölkert von gespenstigen Schatten, denen er sorglich aus dem Weg geht, wenn er ihnen nicht in seinen Träumen begegnen muss“ (Thomas Merton). Aber dieser Weg ist die Voraussetzung für die Wandlung. Dieser Weg ist die Voraussetzung dafür, dass ich die Stimme Gottes, dass ich meine innere Stimme hören kann. Erst wenn ich sie hören kann, kann sie mich wieder mit dem heilvollen Leben in Verbindung bringen.

5

Eine Konsequenz von Weihnachten könnte sein, dass wir versuchen, das Leben wieder leise zu lernen. Dass wir Unterbrechungen schaffen, Inseln der Stille in unserem persönlichen und gemeinschaftlichen Leben - stille Zeiten im Tages-, Wochen- oder Jahreslauf.

Wir reden
Wir reden dauernd
aneinander vorbei

Wir reden
Wir reden uns
immer weiter auseinander

Vielleicht
schweigen wir uns
wieder zusammen.
(Lothar Zenetti)

Stille macht fühlsam. Stille intensiviert unser Fühlpotential. Dadurch verwandeln wir uns in kommunikationsfähigere und liebesfähigere Menschen. In der Stille gewinnt unser Leben an Tiefe. Und wir gewinnen an Glaubensgewissheit, an Hoffnung und an Lebensmut.

Heute Abend ist es vielleicht noch am leichtesten, in dieser heiligen Nacht. Das Bild vom „trauten heiligen Paar“ und dem „Kind im lockigen Haar“ das „schläft in himmlischer Ruh“ kann uns auf diesen Weg helfen. Wir können es betrachten. Wir können uns darauf konzentrieren, es verinnerlichen und in unser Herz aufnehmen. Durch das Bild hindurch können wir tatsächlich in die Stille eintreten wie in einen Raum. Je tiefer wir in diese Stille geraten, um so mehr können wir loslassen. Nicht nur der äußere Lärm wird ausgeblendet, auch der innere Lärm verstummt. Unsere Gedanken kommen zur Ruhe. Und wenn irgendein Gedanke auftaucht und unsere innere Stille stört, dann können wir ihn sanft wieder wegschicken. Bewusster werden wir dann leben, gelassener und tiefer.

In der theologischen Tradition gibt es dafür einen alten Begriff: Anbetung. In den Bildern von den Hirten oder den drei Weisen im Stall wird das als äußerliches Geschehen dargestellt. Es ist aber wesentlich ein inneres Geschehen. Anbetung hat nichts mit Worten zu tun. Anbetung hat als höchsten Ausdruck das Schweigen und führt am dichtesten an das Andere, an das Heilige heran.

Anbetung ist ein Fremdwort geworden in unserer heutigen Lebenswelt. Ich vermute, dass die Skrupellosigkeit, mit der wir mit der menschlichen, aber auch der außermenschlichen Natur umgehen – mit dem Wasser, der Atemluft unserer Kinder und Enkel, mit den Bäumen und Tieren – etwas zu tun hat mit dem Verlust dessen, was mit Anbetung gemeint ist. Anbetung ist Absehen von sich selbst – Konzentration auf das Andere, das Göttliche, auf Gott. Ich werde seiner inne und er gewinnt Raum in meinem Herzen.

6

Es gibt noch eine weitere Brücke in die Stille neben der Meditation und der Anbetung. Das ist die Musik. Der Komponist Antoine Berger sagt: „Das Wichtigste in meiner Musik ist immer, was dann kommt: Stille. Das Wichtigste geschieht deshalb, wenn die Musik aufhört: noch mehr Stille, und daraus entsteht das Neue. Denn dann geschieht Stille – und daraus entsteht das Neue.

Solche Musik, die aus der Stille kommt und in die Stille führt, hören wir jetzt: Max Regers „Weihnachten“ Opus 145, 3 für Orgel. Das Stück klingt aus mit der Melodie von „Stille Nacht, heilige Nacht“, die wir dann aufnehmen, indem wir das Lied noch einmal singen, auch mit den drei Strophen, die heute meistens vergessen sind.

Die Melodie der Liebe

Predigt über Johannes 12, 44-50

1

„Fest der Liebe“, wird Weihnachten genannt. Da nimmt es nicht Wunder, dass die Liebe die Melodie ist, die den Predigttext auf den heutigen 1. Sonntag nach dem Christfest grundiert – auch wenn das Wort selbst gar nicht genannt wird:

Jesus aber rief: Wer an mich glaubt, der glaubt nicht an mich, sondern an den, der mich gesandt hat. Und wer mich sieht, der sieht den, der mich gesandt hat.

Ich bin in die Welt gekommen als ein Licht, damit, wer an mich glaubt, nicht in der Finsternis bleibe.

Und wer meine Worte hört und bewahrt sie nicht, den werde ich nicht richten; denn ich bin nicht gekommen, dass ich die Welt richte, sondern dass ich die Welt rette. Wer mich verachtet und nimmt meine Worte nicht an, der hat schon seinen Richter: Das Wort, das ich geredet habe, das wird ihn richten am Jüngsten Tage.

Denn ich habe nicht aus mir selbst geredet, sondern der Vater, der mich gesandt hat, der hat mir ein Gebot gegeben, was ich tun und reden soll. Und ich weiß: sein Gebot ist das ewige Leben. Darum: was ich rede, das rede ich so, wie es mir der Vater gesagt hat.

Liest man diese Worte im Zusammenhang des Johannesevangeliums dann hört man Jesus sagen:

„Ich und der Vater sind eins (Johannes 10,30). Und Gott ist Liebe (1. Johannes 4,16). Liebe war der Beweggrund, warum er mich, den Sohn, in diese Welt gesandt hat, damit alle, die an mich glauben, nicht verloren sind (Johannes 3,16). In mir wurde Gott, der die Liebe ist, Mensch (Johannes 1,14). Deshalb gilt: Wer an mich glaubt, der glaubt an die Liebe, denn er hört meine Worte und sieht meine Taten, die Liebe wirken. Worte und Taten, die Liebe wirken, bringen Licht ins Dunkel der Welt. Die Liebe zündet Lichter an und der wird Kosmos hell. Wer meine Worte und Taten ignoriert oder sie geringschätzt, der schadet sich selbst. Wer sie aber hört und sieht und wer meine Liebe annimmt und spürt, der hat schon das ewige Leben (Johannes 3,16). Der lebt anders. Der liebt, so wie ich euch liebe (Johannes 13,34).“

„Fest der Liebe“ wird Weihnachten genannt, weil sich mit der Ankunft Jesu die Melodie, nach der menschliches Leben spielt, grundlegend ändert.

2

Nach welcher Melodie spielt unser Leben? Wir, die wir mitten in einer Großstadt leben, hören alle Jahre wieder eine Weihnachtsmelodie, die laut und grell und ordinär ist. Viele Menschen, mit denen ich in der Vorweihnachtszeit gesprochen habe, sagten mir: „So schön Weihnachten eigentlich ist: ich bin froh wenn alles vorbei ist. Dann kann man hier endlich wieder normal leben." Die Weihnachtsmelodie, die doch eigentlich eine Melodie der Liebe ist, hat sich bei uns verwandelt in eine laute, grelle und ordinäre Melodie des Kommerzes, die fast alles andere übertönt.

Nach welcher Melodie spielt unser Leben? Es scheint tatsächlich, dass die innerstädtische Vorweihnachtserfahrung symptomatisch geworden ist für alle Lebensbereiche, in denen wir uns bewegen. Unser Leben spielt nach der Melodie der Ökonomie. Fast all unsere Lebensbereiche und Lebensbewegungen sind unter das Diktat der Wirtschaft geraten. Aus allen Radio- und Fernsehkanälen quellen im Stundentakt Begriffe wie Globalisierung, Finanz- und Schuldenkrise, Rettungsschirm, Stabilität, Effizienz, Konkurrenz und Produktivitätssteigerung. Diese Grundmelodie prägt alle globalen, bundesweiten, landesweiten wie innerstädtischen Diskussionen und Zukunftsplanungen. Nicht einmal vor der Kirche hat diese Entwicklung Halt gemacht. Seit Jahren beschäftigen kirchliche Gremien sich vor allem mit Projekten wie „Wirtschaftliches Handeln in der Kirche". Diese Grundmelodie der Ökonomie ist sogar eingedrungen in unsere zwischenmenschlichen Beziehungen. Auch diese und sich selbst gilt es zu managen: mit Selbst-Management, Zeit-Management, Beziehungs-Management, Qualifizierungs- und Optimierungsstrategien, am besten unter Anleitung von kommerziellem Coaching für die „Irgendwohin-Steuerung des Selbst" (Mattan Shachak). Und man unterliegt oder unterwirft sich dem Druck, sich selbst und die zwischenmenschlichen Beziehungen unablässig zu bewerten nach Produktivität und Relevanz oder nach Kosten und Nutzen. Freundschaften, selbst zwischen Kindern, werden danach beurteilt, was sie bringen. Kinderbetreuung wie die Pflege von Gebrechlichen und Behinderten werden bis ins Detail quantifiziert, in Rechnung gestellt und eingefordert. Selbst in den intimsten zwischenmenschlichen Bereich, in die Liebe, spielt diese Melodie: Man bietet sich an und sucht sich auf Partnerbörsen, auf denen „Sexyness" ein Kapital darstellt, man trifft sich auf Speed-Datings, ratet sich und alles Mögliche in Sozialen Netzwerken, kontrolliert seinen Body-Maß-Index, seine Work-Life-Balance und zieht Genuss-Bilanz. Marktfremde Gesichtspunkte verschwinden aus den Beziehungsverhältnissen, auch aus dem Beziehungsverhältnis zu sich selbst.

In seinem „Lob der Liebe" analysiert der Philosoph Alain Badiou die Folgen dieser Entwicklung auf die Liebe und die Liebesfähigkeit der Menschen. Lässt man sich heutzutage auf eine Beziehung ein, so beobachtet er, dann möglichst ohne ein Risiko einzugehen. Man bleibt sich selbst und sucht im Anderen vor allem die Bestätigung seiner selbst. „Liebe ohne Zufall", verspricht eine Partnervermittlungs-Website. Dort lässt man einen Datenabgleich zwischen den Profilen der Partnersuchenden erstellen und probiert es mit dem oder der, mit dem oder der das Risiko, dass es nicht klappt, am geringsten scheint. Liebe sollte sich in einer Sicherheits- und Komfortzone abspielen. So wird die Liebe – unter der Melodie der Ökonomie – zu einer Variante der Formen des Genießens und soll vor allem Wärme, Intimität und angenehme Erregung bringen. Stimmt irgendwann die Genuss-Bilanz nicht mehr, lässt man es und begibt sich wieder auf den Partner-Markt. Freundschaft und Liebe werden zur Ware. Ein anderer Zeitdiagnostiker resümiert über dieses Leben unter der Melodie der Ökonomie: „Heute geht zunehmend der Anstand, die Anständigkeit, ja Abständigkeit verloren, nämlich die Fähigkeit, den Anderen auf seine Andersheit zu erfahren" (Byung-Chul Han).

3

Nach welcher Melodie spielt unser Leben? Wenn es nach Gott geht, nach der Melodie der Liebe: *„Denn also hat Gott die Welt geliebt, dass er seinen eingeborenen Sohn gab, damit alle, die an ihn glauben, nicht verloren werden, sondern das ewige Leben haben" (Johannes 3,16).*

Die Liebe geht von Gott aus. Sie ist der Welt geschenkt und erklärt und auf Dauer gestellt. Gott macht den Menschen eine Liebeserklärung. Wer zu jemandem sagt: „Ich liebe dich" und meint das ernst, der sagt das für die Ewigkeit. „Denn im Grunde ist das die Liebe: eine Erklärung der Ewigkeit, die sich in der Zeit verwirklichen und entfalten muss, so gut sie kann. Ein Hinabsteigen der Ewigkeit in die Zeit" (Alain Badiou). Es ist diese Liebeserklärung Gottes, die die Grundmelodie vorgibt für die gesamte Existenz des Glaubenden. Sie ermöglicht, ihm zu leben in der ewigen Gewissheit: Ich bin geliebt, ohne wenn und aber, ohne Bedingung, ohne dass ich Leistung erbringen oder ständig meinen Wert beweisen müsste.

Geliebte leben leichter. Und sie lieben leichter. Liebe wirkt ansteckend wie ein Virus, will weiterlaufen und sich verbreiten. Wobei in diesem Weiterlaufen der Liebe stets ein Bruch stattfindet, wenn es sich um wahre Liebe handelt. Wahre Liebe strebt zum Anderen. Der Andere ist der Andere. Man muss das betonen. Der Andere ist der, der Nicht-Ich ist. In der liebenden Begegnung mit dem Anderen zerbricht meine Perspektive der Welt. Die des Geliebten gewinnt elementare Bedeutung. Liebende machen die Erfahrung, dass man die Welt vom Gesichtspunkt des Unterschieds aus erfahren kann. Insofern ist die Liebe der Gegenbeweis gegen die weitverbreitete Überzeugung, dass jeder nur seine eigenen Interessen verfolgt. Die Liebe reißt einen heraus auf den Anderen hin. Meine Welt, die nun die unsere ist, wird eine andere. Gemeinsam leben wir nicht mehr in meiner, sondern in einer anderen Welt, in der anderes wichtig ist, als alleine mein Profit, mein Wohlergehen, mein Gewinn, mein Genuss. Dem Anderen, dem Gegenüber, dem Nicht-Ich gilt nun das Interesse, gelten meine Hinwendung und meine Zuneigung. Das ist es, was Gott im Weihnachtsgeschehen aufführt und was der Sohn in allen seinen Worten lehrt und in allen seinen Taten zeigt.

Was die Liebe im Anderen bewirkt? Wer geliebt wird, der kann aller Dunkelheit entfliehen. Er muss sich nicht verbergen, nicht vor Anderen, nicht vor sich selbst, auch nicht vor seiner eigenen Dunkelheit. Wer geliebt wird, kann sich dem Guten, Frohen und Freudigen in seinem Leben wieder öffnen. Wer sein Leben unter der Grundmelodie der Liebe lebt, dem wird es gelingen, sich von der lauten, grellen und ordinären Melodie der Ökonomie, die alle Lebensdimensionen durchdringen will, nicht beherrschen zu lassen. Denn wer unter der Grundmelodie der Liebe lebt, bleibt selbst in und jenseits jeder Einsamkeit, die auch zum Leben gehört, in Kontakt mit all dem, was in der Welt das Dasein lebenswert macht.

4

Der Film „Cloud Atlas“ erzählt ineinander verschränkt sechs Geschichten aus einem Zeitraum von 500 Jahren. In all diesen Geschichten geht es um den Kampf zwischen der lauten, grellen und ordinären Grundmelodie der Ökonomie und der Grundmelodie der Liebe. Alle Geschichten erzählen von der anscheinend unverlierbaren Hoffnung darauf, dass sich die Liebe durchsetzt und Erlösung bringt. Eine dieser Geschichten spielt in der Zukunft, im futuristischen Neo-Seoul im Jahre 2144. Sie erzählt von einem geklonten Serviermädchen. Replikanten wie sie sind Wegwerfmädchen, reine Arbeitssklaven für eine Herrenrasse, die bedingungslos ihr Profit- und Genussstreben auslebt. Diese Replikanten lässt man funktionieren, solange sie funktionieren, dann tötet man sie und verarbeitet sie zu Nahrung für die nachgezogenen Arbeitssklaven. Eines dieser Serviermädchen bricht aus diesem System aus. Sie wehrt sich gegen die Demütigungen, nachdem sie diese endlich als solche empfinden gelernt hat und findet einen Retter, der sie liebt. Das geklonte Mädchen verändert sich durch diese Liebe grundlegend, sie wird Mensch im wahrsten Sinne des Wortes, begreift dadurch, was mit ihr und Ihresgleichen geschieht und zieht mit ihrem Geliebten und vielen anderen in den Kampf gegen das zynische System einer pervertierten Ökonomie. Natürlich werden sie entdeckt und verfolgt und gefasst und verhört und am Ende liquidiert. Denn die Liebe ist eine mächtige Kraft, vor allem dann, wenn sie zur Passion wird wenn Liebende am Ende sogar bereit sind, sich selbst für die Liebe zu opfern. Da zeigt sich, dass Liebe stärker sein kann als der Tod und das macht sie für solch totalitäre, rein ökonomistisch orientierte Systeme brandgefährlich. In ihrem Kampf wird die zum Menschen mutierte Replikantin zur Messias-Gestalt, die sich hingibt. Ihr Blut wird vergossen zur Rettung von vielen. Vor und noch nach ihrem Tod erscheint sie auf zahlreichen Bildschirmen und verkündet ihr Evangelium, wenn sie sagt: „Unser Leben gehört nicht uns. Von der Wiege bis zur Bahre sind wir mit andern verbunden.“

Unser Leben spielt, wenn wir uns auf den verlassen, der zu Weihnachten in unser Leben gesandt wurde, unter der Melodie der Liebe. Im Bewusstsein, dass wir Geliebte sind, in der Erkenntnis, dass wir miteinander verbunden sind und in der Bereitschaft, uns auf anderweitige Lebensperspektiven einzulassen, gewinnen wir ewiges Leben. Ewigkeit meint bei Johannes von Gott begleitete, qualifizierte Zeit. Das „ewige“ Leben ist von der Liebe geprägt und getragen und durchwirkt – es ist ein anderes Leben, als das von der Ökonomisierung aller Lebensverhältnisse geprägte, es ist ein anderes Leben als die alte Existenz, die von Konkurrenz, Berechnung und Ratings, aber auch von zwanghafter Suche nach Leidensfreiheit und Risikolosigkeit geprägt ist: „Das ewig Licht geht da herein, / gibt der Welt ein' neuen Schein; / es leucht' wohl mitten in der Nacht/und uns des Lichtes Kinder macht.“ (Gelobet seist Du, Jesu Christ/EG 23,4). Und jeder noch so kleine und unbedeutend erscheinende Akt menschlicher Liebe trägt etwas bei zum ewigen Leben.

„Da ist nicht mehr Mann noch Frau.“

Predigt über Galater 3, 27-28

Die ihr auf Christus getauft seid, habt Christus angezogen. Hier ist nicht Jude noch Grieche, hier ist nicht Sklave noch Freier, hier ist nicht Mann noch Frau; denn ihr seid allesamt einer in Christus Jesus (Galater 3, 27-28).

1

Eine Frau steht vor dem Spiegel. Konzentriert betrachtet sie sich: Sitzt der Lidschatten richtig? Stimmt er Ton in Ton überein mit dem Twin-Set? Deckt das

Make-up überall exakt? Ist der Lippenstift auch nicht verschmiert? Sitzt die Frisur? Sind Körper- und Kopfhaltung weiblich genug? Dann schaut sie sich dabei zu, wie sich ihre Stimme in eine Tonlage hochschraubt, die mit ihrem Spiegelbild übereinstimmt. Kurz darauf verlässt sie das Haus und stöckelt den Gehweg entlang.

Frausein ist für Bree anstrengend. Es hat etwas zu tun mit Training, mit bewusstem Anziehen und Tragen von Attributen und Haltungen.

In einer Szene allerdings ist es um ihre Contenance geschehen. Da achtet sie nicht mehr darauf, adrett dazusitzen, die Beine unter dem glatt gestrichenen Rock züchtig zusammengepresst. Da hockt sie mit gespreizten Beinen auf dem Sofa – wie ein ordinärer Mann. Das passiert, als Bree konfrontiert wird mit der Existenz ihres bisher unbekannten Sohnes Toby. Toby, 17 Jahre alt, ein verwahrloster drogensüchtiger Stricher und Kleinkrimineller sitzt im fernen New York im Knast.

Bree, eigentlich Sabrina bzw. ganz eigentlich Stanley, sitzt in Los Angeles. Als Transsexuelle ist sie schon fast fertig umgebaut – nur die allerletzte Operation fehlt noch. Die steht unmittelbar bevor. Nur: Ihre Psychiaterin weigert sich, ihr das dafür notwendige Gutachten auszustellen, bevor sie die Geschichte mit ihrem Sohn nicht geklärt hat. Also bricht Bree auf nach New York. Dort gibt sie sich als christliche Missionarin aus, holt unter dieser Identität ihren Sohn aus dem Knast und begibt sich - auch ihm gegenüber incognito - mit ihm zusammen auf eine Reise quer durch Amerika.

Bree, die sich von Kindheit an in ihrem Männerkörper falsch fühlte, hat sich als typische konservative amerikanische Miss Sauberfrau entworfen. Als gläubige Christin zählt sich zu den so genannten Wiedergeborenen, den konservativen amerikanischen Christen – obwohl die doch eigentlich Menschen wie sie für vom Teufel besessene Monster halten. So ist sie auf Schritt und Tritt sorgsam bemüht, den kleinen Unterschied geheim zu halten. Bree und Toby fahren zuerst durch die so genannten „Kuh-Staaten“ der USA, durch das „Bush-Country“. In Kentucky möchte sie ihren Sohn bei dessen Stiefvater loswerden. Aber Toby hat alles bloß keine Lust, bei dem verwahrlosten gewalttätigen Typen in einem Präriekaff zu bleiben. Er will lieber nach Los Angeles und dort zum Film, auch wenn es dort vielleicht bloß zum Pornofilm reicht.

Stück für Stück bröckeln die Fassaden, je länger sie miteinander unterwegs und einander ausgesetzt sind. Nach und nach wird Bree mit ihren vergangenen Identitäten konfrontiert. Natürlich kommt es auch zu einem Treffen mit ihren Eltern. An dieser Stelle wird die Geschichte zur Groteske. Brees Mutter entpuppt als klassische wohl situierte amerikanische Mittelklassenmutter, die total überdreht in einem überdekorierten Eigenheim lebt. Sie ist hysterisch-dominant, vorurteilsvoll, spießig und bigott bis auf die Knochen. Der Vater ist so schwach, dass er kaum vorkommt. Kein Wunder, dass Bree aus diesem Haus geflohen ist und weit weg versucht hat, sich eine eigene Identität zu erarbeiten. Beim Betreten des Hauses wird der offiziell für tot Sohn von der Mutter durch einen groben Griff erst einmal bodenlos aggressiv gedemütigt.

Auf der Weiterfahrt zum Ziel, zur weitest möglichen Neuerfindung als Frau auf dem Operationstisch in Los Angeles, kommt es zu einer Begegnung zwischen Bree und Calvin Two Gates, einem älteren Indianer. Zwischen den beiden entwickelt sich fast so etwas wie eine Liebesgeschichte mit Momenten geradezu utopischen Glücks. Calvin durchschaut sie und liebt sie trotzdem oder vielleicht gerade deshalb. Indianer haben ein anderes Verständnis von männlich und weiblich als die Weißen. Sie kennen zahlreiche Zwischenstufen zwischen beiden Geschlechterpolen. Sie sind mit Zwischenstufen vertraut. Bei ihnen ist so etwas normal.

Das Ende dieser Geschichte, die der Film „Transamerica" erzählt, ist offen. Hält die Beziehung zwischen Sohn und Vater/Mutter? Kann Bree ihr im Laufe der Geschichte ansatzweise entwickeltes Mutterbild das Elemente beider Geschlechter zusammenbringt, noch weiterentwickeln? Gelingt es den beiden, ihre ganz eigene Form von Familie zu entwickeln und miteinander zu leben?

2

Und Gott schuf den Menschen zu seinem Bilde, zum Bilde Gottes schuf er ihn; und schuf sie als Mann und Frau, heißt es im ersten Kapitel der Bibel (Genesis 1, 27).

Ist das tatsächlich so eindeutig, wie es klingt? Und was heißt das: „Mann" und „Frau"? In Wirklichkeit ist die Unterscheidung der Menschheit in „Mann" und „Frau" alles andere als eindeutig. Bis vor knapp 250 Jahren ging man davon aus, dass es nur ein Geschlecht in doppelter Ausformung gibt. Erst ab der Aufklärung setzte sich die Theorie von der Verschiedenheit, ja Gegensätzlichkeit der Geschlechter durch. Und erst im bürgerlichen 19. Jahrhundert entwickelte sich das Bild von der Frau als Mutter die Kinder haben und sich zu Hause möglichst ausschließlich um diese kümmern sollte. Was Konservative noch heute mit biologischen, theologischen und was immer sonst noch für Begründungen als ursprüngliches und wesensbedingtes Frauenbild hochhalten, ist historisch gesehen ein Konstrukt des Bürgertums in der Zeit des Biedermeiers. Für Bauersfrauen und Arbeiterfrauen galt es sowieso nie.

„Man kommt nicht als Frau zur Welt, man wird es“, schrieb vor Jahren schon Simone de Beauvoir (Isolde Karle). Man kommt auch nicht als Mann zur Welt. Man wird es. Vieles von dem, was noch heute als naturgegebene Unterschiede zwischen den Geschlechtern angesehen wird, ist angelernt, ist antrainiert, ist eingebläut, ist kulturell vermittelt – und alles andere als gottgewollt oder natürlich gegeben.

Nicht einmal die unterschiedliche Anatomie der Körper ist immer eindeutig gegeben. Eine große Zahl von neugeborenen Kindern weicht von den Geschlechtsmerkmalen, die man in den letzten zweihundert Jahren normiert hat, ab. Diese Abweichungen werden in der Regel als krank wahrgenommen, obwohl diese Kinder nicht mehr oder weniger krank oder gesund sind als alle anderen. In der Regel wird das Geschlecht bei diesen Kindern schnellstmöglich durch chirurgische Eingriffe vereindeutigt. Kriterium ist die Machbarkeit. „Was nicht passt, wird passend gemacht“ (Ruth Heß) – ohne Rücksicht auf mögliche psychischen Folgen für das Kind.

Anscheinend sind klare Unterscheidungen, das Hineinzwängen in Rollenbilder, Differenzierungen zwischen männlichem und weiblichem Charakter und so weiter für viele unverzichtbar. Das Buch „Warum Männer nicht zuhören und Frauen schlecht einparken können“ hat gigantische Auflagen im Gegensatz zum wissenschaftlich wesentlich fundierteren Gegenbuch mit dem Titel „Warum Frauen glauben sie könnten nicht einparken und Männer ihnen Recht geben“.

Die Vorstellung, es gebe den Unterschied zwischen Männern und Frauen ist empirisch schlicht überholt. Die Begriffe „Mann“ und „Frau“ sind Etiketten. Sie markieren Pole mit fließenden Übergängen und kennen kein ausschließliches Entweder – Oder. Es gibt Überlappungen und eine große anatomische Vielfalt. Alle Körper sind unterschiedlich. Und wir alle erfahren unseren je eigenen Körper anders. Es gibt eine bunte Vielfalt sexueller Anatomie und erfahrener und erfahrbarer Geschlechtlichkeit. Das sagen nicht nur unverbildete menschliche Wahrnehmung, Medizin und moderne Gender-Forschung. Auch urchristliche Tauftheologie lässt sich auf diese Realität ein und wendet sie positiv.

3

Die ihr auf Christus getauft seid, habt Christus angezogen. Hier ist nicht Jude noch Grieche, hier ist nicht Sklave noch Freier, hier ist nicht Mann noch Frau; denn ihr seid allesamt einer in Christus Jesus.

Dieser Satz, diese uralte christliche Tauformel, war und ist von ungeheurer Brisanz. Mit ihr als Schild hat sich der Marburger Theologe Rudolf Bultmann im Jahre 1933 dagegen verwahrt, dass der so genannte Arier-Paragraf auch in der Kirche eingeführt wird und jüdisch stämmige Christen ausgegrenzt werden. Denn: Getauft ist getauft. Und wo getauft ist, da ist weder Jude noch Arier. Denn ihr seid allesamt einer in Christus Jesus.

Mit dieser Taufformel im Schild hat Martin Luther King im Jahre 1963 mit unerschrockener Klarheit Position bezogen - nicht nur gegen überkommene Formen der Sklaverei, sondern grundsätzlich gegen jede Form von Rassismus und Apartheid. Denn: Getauft ist getauft. Und wo getauft ist, da ist weder Weißer noch Schwarzer. Denn ihr seid allesamt einer in Christus Jesus.

Dass dem so ist, darüber herrscht heute kaum noch ernsthaft Streit. Nur mit dem letzten Teil dieser Taufformel tut man sich nach wie vor schwer. Bibelwissenschaftler und Dogmatiker, Päpste, Bischöfe und Kirchenrechtler versuchen zu entschärfen, umzudeuten, zu ignorieren, was völlig eindeutig ist: Getauft ist getauft. Und wo getauft ist, da ist weder Mann noch Frau. Denn ihr seid allesamt einer in Christus Jesus.

Ihr, die ihr getauft seid, seid allesamt einer in Christus. Nicht: ihr werdet einer sein. Ihr seid. Mit dem Vollzug der Taufe habt ihr „Christus angezogen“. Damit seid ihr jetzt im Wirkungsbereich der Neuschöpfung Gottes. Ihr seid in einem Bereich, wo keine rassischen, gesellschaftlichen, kulturellen und geschlechtlichen Schranken und Hierarchien mehr gelten. Leben als Getaufte, Leben „in Christus“, man kann auch sagen: Leben in der Kirche Jesu Christi kennt solche Schranken nicht mehr.

Das war kein Wunschkonstrukt einiger schwärmerischer Urchristen. Das war für die ersten Christinnen und Christen reale Erfahrung. Sie haben dieses neue Miteinander erstaunlich konsequent praktiziert. Sie haben das getan im Anschluss an Jesus, der jede menschenverachtende, Freiheit einengende Konvention gesprengt und jede ausschließende Lebenspraxis verurteilt hat. Leider hat sich diese urchristliche Praxis historisch gesehen nicht lange gehalten. Das heißt aber noch lange nicht, dass sie für uns Getaufte heute nicht mehr gelten würde.

Entscheidend für uns Getaufte heute ist nicht, welches Geschlecht wir haben, welchem wir uns zugehörig fühlen, welche sexuelle Präferenz wir haben, in welcher Lebensform wir leben, ob wir Kinder haben oder nicht und wenn ja, in welcher Gestalt von Familie wir mit Kindern leben oder in welchen Betreuungsformen unsere Kinder aufwachsen. Entscheidend ist etwas ganz anderes: Ob wir „in Christus leben“. Ob wir leben im Geist der Liebe, des Vertrauens und der Freiheit. Leitbild für partnerschaftliches und familiäres Zusammenleben sind nicht äußerliche Formen, sondern Beziehungskriterien. Auf die Qualität unserer Beziehungen kommt es an: eben ob unter uns Liebe, Vertrauen und Freiheit herrschen. Getaufte haben „Christus angezogen“. Sie leben im Geist Gottes. In der Kirche Jesu Christi herrscht der Geist Gottes. Deshalb akzeptiert Kirche Jesu Christi alle getauften Menschen in ihrer leiblich-seelischen Schöpfungsvielfalt und unterstützt sie, ihre je eigene Identität ohne Angst in Freiheit zu leben. Deshalb hat in der Kirche Jesu Christi jegliche Form von Beziehung Raum, in der der Geist Gottes herrscht. Und deshalb unterstützt Kirche Jesu Christi alle Formen familialer Beziehungen mit Kindern, damit sie sich im Geist Gottes frei entfalten können. Und sie kämpft – gerade auch im ökumenischen Kontext – um die Wahrheit und Klarheit und Freiheit im Sinne der Taufwirklichkeit. Weil sie weiß: „Befreiung in diesem Sinne ist eine Form des Gotteslobs. Sie feiert die von Gott geschaffene Vielfalt von Körpern und Beziehungsformen.“ (Isolde Karle). Sie feiert das Leben und verherrlicht dadurch das Evangelium.

Gotteserfahrungen

Gedanken zur Jahreslosung 2014

„Gott nahe zu sein ist mein Glück.“ (Psalm 73,28)

1

Unbeschwert ließen sich die beiden durch die Tage am Meer treiben. Ihr Lebensrhythmus ergab sich von selbst: Schweigen und wenig reden, lesen und träumen, miteinander essen, und schlafen, die Verschmelzung ihrer Körper und das sich wieder lösen. Als die Zeit zu Ende ging, fragte Nik sich wo sie geblieben war: „Wir waren ganz im Diesseits, ganz in der Wirklichkeit und doch war das alles überwirklich, blau wie der Himmel und das Meer, grün wie die Olivenbäume, bunt wie die Blumen, wohlriechend wie der Lavendel, der Thymian, die Pinien, das Meer, der Wind, strahlend wie die Sonne, wie sie Herz und Körper wärmt und alle Ängste und Grenzen weg schmelzen lässt. Ewigkeit in der Zeit. Du merkst es nicht im Vollzug. Erst wenn es vorüber ist, begreifst du es als gelebtes Glück - im Rückblick in der Erinnerung. Und dir wird klar, dass solche Liebe ein Geschenk ist, ein Abglanz göttlicher Liebe, die du nicht wirst festhalten können.“

Schlaftrunken richtete sich Sophie auf. Draußen begann es zu dämmern. Verblüfft nahm sie durch das geöffnete Fenster das ohrenbetäubende Schreien der Vögel wahr.

Zu Hause war sie gewohnt, von Autolärm geweckt zu werden. Hier auf der Insel holten sie die Vögel aus dem Schlaf. Wie laut die ihr vorkamen ohne das gewohnte Grundrauschen des in der Stadt allezeit gegenwärtigen Verkehrslärms. Behutsam ließ sie sich wieder zurück sinken und lauschte dem vielstimmigen Chor. Bald konnte sie verschiedene Stimmen unterscheiden, stakkatoartige und schrill trompetende Töne, langgezogene tiefe Schreie großer Vögel und dazwischen feine, filigrane Melodiesequenzen der kleinen. Über Vögel wusste sie wenig und außer den langgezogenen Schreien der Möwen konnte sie die gehörten Stimmen keinen einzelnen Vogelarten zuordnen. Aber in diesem Moment begriff sie etwas von der Faszination, die Vogelgesänge auf den Komponisten Olivier Messiaen ausgeübt hatten. Für diesen legten die Gesänge der Vögel Zeugnis ab für die Herrlichkeit und Vielfalt der Schöpfung Gottes. Vogelgesang verstand er als Prototyp des von Freude und Dankbarkeit erfüllten Lobgesangs. Deshalb sammelte und notierte er Vogelstimmen und komponierte sie in seine Musik ein – in diese Musik voller wechselnder Klangfarben, flächiger Akkorde und überraschender Rhythmen, die nichts anderes bewirken wollte als die Hörerinnen und Hörer in einen Abglanz der blendenden Herrlichkeit Gottes zu tauchen. Eingehüllt in den Gesang der Vögel wurde Sophie überwältigt von einem kaum je gekanntes Gefühl der Freude und der Leichtigkeit.

2

„Gott nahe zu sein ist mein Glück." Für den Beter des 73. Psalms war sein Glück - die Gottesnähe – erreichbar und zu spüren im Jerusalemer Tempel. Dort, ganz besonders im innersten Zentrum - im „Allerheiligsten" - wohnte Gott. Hier war seine Schechina, war der „Glanz Gottes" präsent, und wer in den Tempel kam und darin verweilte, der spürte seine Kraft und wurde erfüllt mit Glück.

Diesen Tempel gibt es nicht mehr. Er und mit ihm das Allerheiligste wurden zerstört und die Schechina, so wird erzählt, zog mit dem Volk Gottes ins Exil. Die Glück spendende Gegenwart Gottes aber, sein Glanz, ist nach wie vor gegenwärtig in dieser Welt. Aber er ist nicht mehr an einen bestimmten Ort gebunden.

Wo fühle ich mich Gott nahe? Was ist mein Glück?

Es gibt heutzutage keine allgemeine und für alle Glaubenden gültige Antwort auf diese Fragen. Die Gestalt, in der wir Christinnen und Christen den in unsere Welt gekommenen „Glanz Gottes" (Ps. 50,2) verkörpert sehen, hat uns verheißen, dass er bei uns sein werde „bis an der Welt Ende" (Mt. 28,20). Anzutreffen, wahrzunehmen, spürbar bleibt Gott demnach in dieser Welt - an allen möglichen Orten, zu allen möglichen Zeiten, in allen möglichen Gestalten, Begegnungen und Erfahrungen. Es hängt von uns, den Glaubenden ab, ob wir Gottes Glanz in manchmal alltäglichen oder gelegentlich auch herausragenden Erfahrungen spüren, erkennen und als solchen begreifen. Insofern muss jeder und jede für sich selbst immer wieder diese Fragen beantworten: Wo fühle ich mich Gott nahe? Was ist mein Glück? Was dem einen eine Gotteserfahrung ist, mag für die andere eine profane Begebenheit sein. Was der einen ihr Glück bedeutet, mag dem anderen gleichgültig sein.

Und doch gibt es eine Erfahrung, die über diese eingangs geschilderten akzidentiellen und episodischen als Gotteserfahrungen begriffenen Glücksmomente in der Liebe oder in der Natur und Kunst hinausgeht – eine Erfahrung, die so tief und nachhaltig sein kann, dass sie bleibt. Was bleibt ist das Gefühl: ich bin geliebt über den Moment hinaus, in einem tieferen Sinne als mich ein Mensch überhaupt lieben könnte. Es ist das Vertrauen, akzeptiert zu sein wie ich bin: lustig und traurig, beseelt und bedrückt, im-perfekt und begabt, in-valide und voller Lebenslust. Es ist die innere Gewissheit: ich bin gehalten als ganze Person mit meinen multiplen Identitäten, so fragmentiert sie auch sein mögen - und zwar von je her und dauerhaft, nicht nur bis am mein persönliches Weltende sondern sogar darüber hinaus. Ich bin - ich muss nichts sein. Ich bin gehalten – in allem was mir geschieht. In allem! Das ist mein Glück!

In der gewaltigen romanischen Kirche drängten sich die Touristen im Halbdunkel.
Gewölbe klaffend um Gewölbe und kein Überblick.
Kerzenflammen flackerten.
Ein Engel ohne Gesicht umarmte mich
und flüsterte durch den ganzen Körper:
"Schäm dich nicht, Mensch zu sein, sei stolz!
In dir öffnet sich Gewölbe um Gewölbe, endlos.
Du wirst nie fertig, und es ist, wie es sein soll."
Ich war blind vor Tränen
und wurde auf die sommersiedende Piazza hinausgeschoben
zusammen mit Mr. und Mrs. Jones, Herrn Tanaka und Signora Sabatini
und in ihnen allen öffnete sich Gewölbe um Gewölbe, endlos.
(Tomas Tranströmer)

3

Solche Glückserfahrungen, die anhaltende Gottesgewissheit zurück lassen, immunisieren gegen das Trommelfeuer der „Glücksverheißungen", mit denen wir Großstadtbewohner/-innen vor allem im Dezember geradezu bombardiert wurden. Sich solch einem Trommelfeuer aus Werbung, Angebot und Rummel zu entziehen ist gar nicht so leicht. Erich Fromms Bestandsaufnahme von vor fast sechzig Jahren trifft unwesentlich modifiziert noch immer gerade großstädtische Lebenswirklichkeit präzise: „Das Glück des Menschen besteht heute darin, sich zu vergnügen. Vergnügen liegt in der Befriedigung des Konsumierens und ‚Einverleibens': von Waren, Bildern, Essen, Trinken, Zigaretten, Menschen, (elektronischen Geräten und allen verfügbaren Medien). Alles wird konsumiert, wird geschluckt." Je mehr, je billiger/je teurer, je öfter, desto besser.

Dahinter steht die gar nicht so neue Ideologie, die eine wesentliche Grundlage unserer gesellschaftlichen und wirtschaftlichen (und leider oft auch kirchlichen) Kultur ist: Die Ideologie, dass das größte Glück in der größten Zahl liegt, im permanenten immer mehr, im ständigen Wachstum. Fast jedes Moment unseres individuellen wie sozialen Lebens, unser gesamtes Denken, Handeln und selbst unser Glauben ist durchdrungen und wird geprägt vom Diktat dieser Art von Ökonomie. Ja, noch unser Körper und unser Verhältnis zu unserem Leib ist davon kolonisiert. Selbst dem kritischsten Geist fällt es schwer, sich dem Sog dieser Ideologie zu entziehen. Biographie-Coaches versprechen Hilfe zu einer glücklichen Symbiose von arbeitsmarktkompatiblem Lebenslauf und gefühlter Individualität. „Sie sind gestresst? In unserem Wellness-Paradies erleben Sie glückliche Stunden" „Wir beraten Sie und verhelfen Ihnen zu einem gut abgestimmten Lebensrhythmus zwischen Erholung und Spaß!" (auf neudeutsch LORAF: „Lifestyle of Relief and Fun"). „Machen Sie Ihr Glück bei der Schnäppchenjagd in unserem neuesten Preisvergleichsportal, das Sie als App auf Ihr Smartphone laden können." Als „Glücksoasen" werden die in unseren Städten an allen Ecken aus dem Boden sprießenden Shopping-Zentren gepriesen (die Harald Welzer erhellend „Shopping-Gulags" nennt).

Eine vergleichsweise neue Entwicklung ist, dass bei uns die alte Wunschwelt des „Alles immer" weitgehend Realität geworden zu sein scheint. Die unsere gesamte Lebenswirklichkeit durchdringende expansive Wirtschaftskultur scheint sich in einem kleinen allgegenwärtigen Ding zum Symbol zu verdichten: im Smartphone. Darin scheint alle Lebensglücksverheißung konzentriert zu sein: jeder will und soll ständig erreichbar sein und jeden erreichen können und alles geht sofort und überall: „Sofortness" und „Präsentismus" sind die goldenen Kälber der Gegenwart. Wie bei fast allen technischen Entwicklungen ist dieses Ding per se weder gut noch schlecht. Es kommt darauf an, wie der Mensch es nutzt beziehungsweise sich von ihm benutzen lässt. Was der Anglizismus „smart" eigentlich bedeutet, scheint den Wenigsten bewusst zu sein. Ein „smarter" Mensch taugt kaum zum Glücksvermittler. „Smart" nennt man im Amerikanischen jemanden dem man Bewunderung zollt obwohl man von ihm gelinkt wurde. „Smart" begibt man sich, wenn man nicht achtsam ist, in eine sich in einem Gerät konzentrierende Vielfalt von Hörigkeiten und bringt seine Zeit und seine Freiheit als Opfergabe dar. Wem und zu wessen Glück auch immer.

4

Wo fühle ich mich Gott nahe? Was ist mein Glück?

Aufgrund der Erkenntnis, dass manch tiefe Glückserfahrung im Leben erst im Rückblick als solche erkennbar wird könnte man die Fragestellung auch umkehren. In gewissen christlichen Frömmigkeitstraditionen stellte man sich die Frage: Wie möchte ich einmal vor meinen Herrn treten? Dahinter steckt die Vorstellung von sich selbst im Tempus Futur zwei. Jenseits solch einer bedrohlich-apokalyptisch-frommen Drohkulisse kann ich mich heute mit Blick auf meine nähere oder fernere Zukunft fragen: Was möchte ich erfahren haben? Wie werde ich gewesen sein? So formuliert und bedacht mögen diese Fragen dazu verhelfen, mich selbst und mein Leben in der kommenden Zeit an den Wertigkeiten echten Glücks auszurichten. Solche Futur-zwei-Imaginationen können tatsächlich Wirklichkeit verändern. Ich konzentriere mich auf das, was mir wirkliches Glück bringt. „Indem man sich Zukunft vorstellt, bereitet man Zukunft vor und ändert die Gegenwart" (Robert Misrahi). Wünschen und Träumen – fokussiert auf das, wodurch der Glanz Gottes hindurch scheint - können mir helfen, gelegentlich die Schwelle zwischen Wirklichkeit und Möglichkeit, zwischen Endlichkeit und Unendlichkeit zu überschreiten.

Was möchte ich im Jahr 2014 erfahren haben? Wie werde ich darin gewesen sein? Vielleicht weniger „Habender" als „Seiender". Was brauche ich wirklich zum Leben und zum glücklich sein? Vielleicht lieber „Zeit statt Zeug". Konzentration statt Zerstreuung. Entschleunigung statt Alles-immer-sofort. Ge-lassen-heit statt Anspannung - um „große Augenblicke", Momente, in denen der Glanz Gottes mein Leben überblendet, überhaupt wahrnehmen zu können.

Vor allem ist mir das wichtig, worauf alle Glücks- und Gotteserfahrungen am Ende hinaus laufen: Liebe. Sie ist die Vermittlerin des allerhöchsten Glücks – und damit wichtiger noch als Glaube und Hoffnung (1. Korinther 13,13). (Dass Liebe auch wehtun kann, wissen wir alle. Aber in dieser Welt ist Glück ohne die Kehrseite, den Schmerz, gar nicht als solches begreifbar.) Aus ihr strömt und in sie fließt alles Wesentliche. Im Verlauf der Jahre und im Älterwerden dämmert mir vielleicht dass im Blick auf eine reife Lebenspraxis Liebe in erster Linie ein Geben ist. Lieben ist wichtiger als geliebt werden. Zu lieben ist höchster Ausdruck von Kraft, Erlebnis gesteigerter Vitalität. Ich möchte ein Liebender gewesen sein. Denn „Gott ist Liebe. Und wer in der Liebe bleibt, der bleibt in Gott und Gott in ihm." (1. Joh. 4,16). Gott nahe zu sein heißt in der Liebe sein. In der Liebe bin ich eingehüllt in Gottes Glanz.

Das ist mein höchstes Glück. Und es kann in mir die Freude auslösen, die mich singen lässt zum Lobe Gottes - frei wie ein Vogel am Himmel.

Unberührbare/Unberührte

Predigt über 2. Könige 5, 1-19

Naaman, der Feldhauptmann des Königs von Aram, war ein trefflicher Mann vor seinem Herrn und wert gehalten; denn durch ihn gab der HERR den Aramäern Sieg. Und er war ein gewaltiger Mann, jedoch aussätzig. Aber die Kriegsleute der Aramäer waren ausgezogen und hatten ein junges Mädchen entführt aus dem Lande Israel; die war im Dienst der Frau Naamans. Die sprach zu ihrer Herrin: Ach, dass mein Herr wäre bei dem Propheten in Samaria! Der könnte ihn von seinem Aussatz befreien. Da ging Naaman hinein zu seinem Herrn und sagte es ihm an und sprach: So und so hat das Mädchen aus dem Lande Israel geredet. Der König von Aram sprach: So zieh hin, ich will dem König von Israel einen Brief schreiben. Und er zog hin und nahm mit sich zehn Zentner Silber und sechstausend Goldgulden und zehn Feierkleider und brachte den Brief dem König von Israel; der lautete: Wenn dieser Brief zu dir kommt, siehe, so wisse, ich habe meinen Knecht Naaman zu dir gesandt, damit du ihn von seinem Aussatz befreist. Und als der König von Israel den Brief las, zerriss er seine Kleider und sprach: Bin ich denn Gott, dass ich töten und lebendig machen könnte, dass er zu mir schickt, ich solle den Mann von seinem Aussatz befreien? Merkt und seht, wie er Streit mit mir sucht! Als Elisa, der Mann Gottes, hörte, dass der König von Israel seine Kleider zerrissen hatte, sandte er zu ihm und ließ ihm sagen: Warum hast du deine Kleider zerrissen? Lass ihn zu mir kommen, damit er innewerde, dass ein Prophet in Israel ist. So kam Naaman mit Rossen und Wagen und hielt vor der Tür am Hause Elisas. Da sandte Elisa einen Boten zu ihm und ließ ihm sagen: Geh hin und wasche dich siebenmal im Jordan, so wird dir dein Fleisch wieder heil und du wirst rein werden. Da wurde Naaman zornig und zog weg und sprach: Ich meinte, er selbst sollte zu mir herauskommen und her treten und den Namen des HERRN, seines Gottes, anrufen und seine Hand hin zum Heiligtum erheben und mich so von dem Aussatz befreien. Sind nicht die Flüsse von Damaskus, Abana und Parpar, besser als alle Wasser in Israel, sodass ich mich in ihnen waschen und rein werden könnte? Und er wandte sich und zog weg im Zorn. Da machten sich seine Diener an ihn heran, redeten mit ihm und sprachen: Lieber Vater, wenn dir der Prophet etwas Großes geboten hätte, hättest du es nicht getan? Wie viel mehr, wenn er zu dir sagt: Wasche dich, so wirst du rein! Da stieg er ab und tauchte unter im Jordan siebenmal, wie der Mann Gottes geboten hatte. Und sein Fleisch wurde wieder heil wie das Fleisch eines jungen Knaben und er wurde rein. Und er kehrte zurück zu dem Mann Gottes mit allen seinen Leuten. Und als er hinkam, trat er vor ihn und sprach: Siehe, nun weiß ich, dass kein Gott ist in allen Landen, außer in Israel; so nimm nun eine Segensgabe von deinem Knecht. Elisa aber sprach: So wahr der HERR lebt, vor dem ich stehe: Ich nehme es nicht. Und er nötigte ihn, dass er es nehme; aber er wollte nicht. Da sprach Naaman: Wenn nicht, so könnte doch deinem Knecht gegeben werden von dieser Erde eine Last, so viel zwei Maultiere tragen! Denn dein Knecht will nicht mehr andern Göttern opfern und Brandopfer darbringen, sondern allein dem HERRN. Nur darin wolle der HERR deinem Knecht gnädig sein: Wenn mein König in den Tempel Rimmons geht, um dort anzubeten, und er sich auf meinen Arm lehnt und ich auch anbete im Tempel Rimmons, dann möge der HERR deinem Knecht vergeben. Er sprach zu ihm: Zieh hin mit Frieden!

1

Soziologen beschreiben das dominante Männerbild in unserem Kulturkreis noch immer so: ein richtiger Mann ist heterosexuell, berufsorientiert, bestimmend, körperlich fit, emotional kontrolliert und in der Lage, eine Familie zu ernähren. Bekommt dieses Bild Risse, wird es kritisch. Der Mann rutscht in eine Krise. Und steckt er in der Krise, bekommt er Angst. Vor allem, wenn er krank wird und die Krankheit nicht beherrschbar scheint, steigt die Panik. Das ist verständlich, denn er hat die Situation nicht mehr im Griff. Er hat sich selbst nicht mehr im Griff.

Was tun? Es gibt Männer, die sind körperlich krank oder psychisch angeschlagen und fürchten den Arzt oder den Therapeuten wie der Teufel das Weihwasser. Lieber gehen sie zugrunde, als sich helfen zu lassen. Andere wollen mit dem Kopf durch die Wand, probieren die exklusivsten oder idiotischsten Methoden aus, um das Unmögliche zu erzwingen. Wieder Andere kriegen die Kurve. Sie finden neue, bisher unbekannte Wege, mit ihrer Angst umzugehen und empfangen Kraft, die Krise zu überwinden. Was hilft dem Mann (dem Menschen) aus der Angst? Was gibt ihm Kraft in der Krise?

Kraftquellen können Geschichten sein, die davon erzählen, wie ein Mann (ein Mensch) seiner Angst standgehalten und die Krise überwunden hat. Nach solchen Geschichten gieren wir Menschen, denn sie zeigen uns Handlungsmuster für den Umgang mit unseren eigenen Krisen. Wenn diese Geschichten plausibel sind und uns neue Horizonte aufreißen, dann sind es erbauliche Geschichten. Eine erbauliche

Geschichte ist positiv. Die Not ihrer Hauptfigur wird nicht banalisiert, aber auch nicht einfach übersprungen. Sie erzählt davon, wie diese Hauptfigur auf wunderbare oder überraschende Weise durch die Krise hindurch wieder ins Offene findet.

Das tut die Geschichte von Naemann, die wir als Schriftlesung gehört haben. Sie ist dermaßen perfekt und rund erzählt, dass sie für sich selbst spricht. Nun spielt die Geschichte vor knapp 3000 Jahren. Unsere Lebenswirklichkeit unterscheidet sich doch etwas von der seinen. Deshalb will ich ihnen noch eine heutige Geschichte erzählen, die der Naemanns allerdings verblüffend ähnelt. Gerade die Parallelen beider Geschichten weisen uns auf ein paar Kraftquellen hin, die in Krisen hilfreich sind.16 Millionen Menschen haben in Frankreich den Film „Intouchables" - auf Deutsch: „Unberührbare" oder „Unberührte" gesehen. Bei uns läuft der Film unter dem etwas dämlichen Titel „Ziemlich beste Freunde" in den Kinos.

2

Driss, ein senegalesisch-stämmiger Mittzwanziger aus den Vorstädten von Paris, wird nach sechs Monaten aus dem Knast entlassen. Kaum zu Hause setzt ihn seine Ziehmutter auf die Straße. Um Sozialhilfe zu bekommen, muss er sich erfolglos auf drei Jobs beworben haben. Philippe, ein schwerreicher Pariser Adliger, war frühere Manager einer großen Firma. Er lebt in einem riesigen Palast, umgeben von einem Schwarm Bediensteter. Beim Absturz mit einem Gleitschirm wurde er vom Hals abwärts gelähmt. Jetzt sucht er einen neuen Betreuer, denn lange hält diesen Job keiner durch. Das Arbeitsamt schickt ihm Driss. Philippe verspricht Driss, der von der ersten Minute an über dessen Behinderung witzelt, das Papier für`s Arbeitsamt zu unterschreiben, wenn er mindestens zwei Wochen bei ihm durchhält.

Für Driss beginnt der Job mit einem Paukenschlag. Gleich in der ersten Nacht bekommt Philippe eine Panikattacke. Was macht man mit einem Gelähmten, der im Bett liegt und vor Panik fast durchdreht? Driss hebt ihn recht grob aus dem Bett, packt ihn in seinen Rollstuhl und fährt ihn die ganze Nacht am Seine-Ufer entlang spazieren. Zwischendurch dreht er einen Joint und gibt Philippe etwas zu rauchen. Dessen Panik verschwindet.

Für einen Transport hat sich Philippe einen Kastenwagen zugelegt, in den man mit dem Rollstuhl hineinfahren kann. Als Driss den daneben stehenden Maserati Quattroporte sieht, sagt er zu ihm: „Ich fahr dich doch nicht wie ein Gepäckstück im Kastenwagen durch die Gegend. Wie nehmen den da." „Nein", sagt Philippe. „Ist doch unpraktisch." Minuten später sitzt er festgegurtet auf dem Beifahrersitz des Maseratis. „Ist doch besser, oder?" fragt Driss. „Ja." Philippe lacht. Driss fährt viel zu schnell. Die Polizei verfolgt sie. Driss wettet mit Philippe, dass er die Polizei abhängt. Er verliert die Wette und wird gestoppt. Da täuscht Philippe einen Anfall vor und die Polizisten eskortieren sie erschrocken zum nächstgelegen Krankenhaus, während sie sich vor Lachen kaum einkriegen.

Philippe ist verwitwet und führt eine intellektuelle Brieffreundschaft mit Éléonore aus Dünkirchen. Weder hat er sie jemals gesehen noch mit ihr gesprochen. Als Driss auf der Adressangabe eines Briefes von Éléonore deren Telefonnummer sieht, sagt er: „Mann, sie schreibt dir ihre Nummer auf. Sie will, dass du sie anrufst." Philippe wiegelt panisch ab, während Driss eiskalt die Nummer wählt und ihm einfach den Hörer ans Ohr hält.

Die einzige Körperstelle, an der Philippe noch erotische Reize verspürt, sind die Ohren. Als Driss das herausbekommt, kutschiert er ihn zu einer Dame, die ihn entsprechend bearbeitet.

Wie in jedem Jahr organisiert die Hausdame zu Philippes Geburtstag einen Empfang. Eine Menge vornehmer Menschen füllt das Schloss. Ein Kammerorchester spielt Bach. Es herrscht eine Stimmung wie bei einem Begräbnis, bis Driss auf kuriose Weise das Orchester abstellt und anstelle von Bach Funkrythmen von „Earth, Wind and Fire" durch den Palast krachen lässt und die Leute zum Tanzen bringt.

Driss schafft es schließlich, dass Philippe Éléonore ein Bild von sich schickt und ein Date in einem Café mit ihr verabredet. Kurz bevor diese eintrifft, bekommt Philippe Panik und veranlasst seine Hausdame, die ihn begleitet, mit ihm zu verschwinden.

Nach einem halben Jahr lässt Philippe Driss gehen und der findet einen Job als Kurier-Fahrer. Erneut von den üblichen betulichen Pflegern umgeben, versinkt Philippe wieder in einer Mischung aus Panik-Attacken und Depression. Die Hausdame ruft Driss zurück und der schafft Fakten. Er setzt Philippe in den Maserati, fährt nach Dünkirchen, bringt ihn in ein Hotel, rasiert ihn und schiebt ihn dann in ein Restaurant. Dort verabschiedet er sich abrupt vom Tisch und sagt Philippe, dass er nicht alleine zu Abend essen wird. Kurz darauf erscheint Éléonore.

Im Abspann des Films wird eine kurze Aufnahme des echten Philippe Pozzo di Borgo und seines Freundes Abdel Yasmin Sellou gezeigt. Auf einer eingeblendeten Schrift ist zu lesen, dass der echte Philippe, dessen Autobiografie hier verfilmt wurde, heute in Marokko lebt, verheiratet ist und zwei kleine Kinder hat.

3

Die Geschichten von Naemann und von Philippe klingen wie Märchen aus 1001 Nacht. Aber gleichzeitig könnten sie als Fallbeispiele in einem Handbuch für ressourcenorientierte Trauma-Therapie stehen, das auf den neuesten Befunden der Hirnforschung basiert. Denn die sagt: Will man aus einer Krise herauskommen, braucht es Vertrauen. Ohne Vertrauen geht nichts: Um aus einer Krise herauszukommen, braucht es 1. Selbstvertrauen, 2. Vertrauen in soziale Beziehungen und 3. Vertrauen in die Welt, bzw. Vertrauen in Gott.

1. Wenn das Vertrauen in den eigenen Körper hinüber ist, dann geht gar nichts mehr. Naemann leidet an Aussatz, Philippe ist gelähmt, kein Ausweg scheint in Sicht. Da ist Panik angesagt. In Panik ist alles blockiert. Selbstvertrauen und Selbstwertgefühl tendieren gegen Null. Vor anderen hat man Angst. Von anderen abgelehnt zu werden oder das Gefühl zu haben, dass andere sich vor einem ekeln, wäre das letzte, was man noch ertragen könnte. Um aus dieser Falle herauszukommen, muss man wieder in Beziehung zu seinem Körper kommen. Traumatherapeuten sagen: Bist du in Panik, beweg dich! Bewegung hilft immer. Naemann geht zu seinem König und begibt sich auf die Reise zu einem Heiler. Driss schiebt und kutschiert Philippe durch die Stadt. Bewegung reguliert Stresshormone. Körperliche Aktivität hilft, das Stresssystem herunterzufahren. Das ist ein erster Schritt, um aus der Panik-Starre herauszukommen. Durch Bewegung wird man wieder zum Handelnden. Wenn das mit dem Körper nicht geht, kann man sich immer noch im Geist bewegen und in der Phantasie und Imagination Orte aufsuchen, die man liebt und schön findet. Das erzeugt positive Gefühle und hilft, die negativen Gefühle einzudämmen. Das ist ein Schritt, um wieder in die Balance zu kommen. Beide Figuren entwickeln, erst einmal auf ihren Wegen, ein völlig neues Verhältnis zu ihrem Körper. Der Soldat Naemann muss am Jordan von seinem hohen Ross steigen, sich entkleiden und entpanzern und ganz untertauchen. Wie neugeboren taucht er wieder auf. Und Philippe entdeckt, dass sein gelähmter Körper nicht nur doch noch zu Gefühlen fähig ist, sondern dass er für einen anderen Menschen durchaus liebenswert ist so wie er ist.

2. Wenn diese Reaktivierung des Selbstvertrauens nicht ausreicht, braucht es Vertrauen in andere. Bei uns herrscht weithin das Ideal der Autonomie. Bedürftigkeit gilt als Schwäche, in fast allen Lebenslagen. Aber in schweren Krisen ist man darauf angewiesen, dass andere für einen denken, hoffen und glauben. Es ist das Vertrauen der Anderen, das Naemanns und Philippes Rettung initiiert. Beides Mal sind es sogenannte kleine Leute. Naemann hört auf die im Nachbarland geraubte Sklavin seiner Frau und sucht Hilfe in deren Heimat bei Elisa. Als er zu diesem kommt, begegnet er nicht dem erwarteten respektheischenden Heiler, sondern einem respektlosen Kerl, der ihn mit unkonventionellen Lösungen für sein Problem konfrontiert. Er macht sich nur deshalb nicht beleidigt vom Acker, weil seine Soldaten ihn drängen, sich auf Elisas Therapievorschlag einzulassen. Driss stößt

Philippe mit der rauen Gewalt eines Vorstadt-Rüpels in die Arme einer Frau, die ihn liebt. Geben ist seliger denn Nehmen, sagt man. Aber auch Nehmen ist selig. Und manchmal unabdingbar, wenn man aus der Angst herauskommen will. Angstfreiheit und Gesundheit kann man sich weder kaufen noch rauben oder einfach herstellen lassen. Aber wenn es gut geht, kann man sich in der Krise auf ein soziales Beziehungsnetz verlassen. Andere an sich heranzulassen, kann für den Heilungsprozess von herausragender Bedeutung sein. Trauma-Therapeuten sagen: Traumatisierten hilft vor allem Körperkontakt, denn dadurch werden im Körper Botenstoffe und Hormone frei, die angstlösend und beruhigend wirken. In Verbundenheit kann man über sich hinauswachsen.

3. Wenn auch das nicht ausreicht, wird eine dritte Art von Vertrauen bedeutsam. Ein heiler Mensch muss kein total gesunder Mensch sein. Vollständige Gesundheit als Ziel zu haben ist Fetischismus, der überspringt, dass wir sterbliche Menschen sind. Das wichtigste für einen Menschen in der Krise ist es, das Vertrauen zurückzugewinnen, dass es wieder gut wird, wie auch immer. Um einigermaßen heil leben zu können, brauche ich den Glauben, dass es Sinn macht, auf der Welt zu sein, dass ich in ihr gehalten und geborgen bin, so, wie ich jetzt bin. Dieser Glauben, den wir Christen Gottvertrauen nennen, lässt sich nicht machen. Den kann kein Zauber und keine Apparatemedizin herstellen. Dieser Glaube ist uns geschenkt. Dieses Vertrauen ist von Beginn unserer Existenz an in uns angelegt. Gelegentlich ist es von schlechten Erfahrungen verschüttet und muss neu gesucht und gefunden werden und wachsen. Dieser Glaube lässt Naemann wie Philippe Grenzen überschreiten, politische und nationale Grenzen, soziale und religiöse Grenzen. Naemann wechselt sogar seine Religion. Er macht sich von seinen alten Glaubens- und Wertvorstellungen so weit frei, dass er innerlich freier leben kann als je zuvor. Philippe lässt die Grenzen seiner sozialen Kaste hinter sich und überschreitet scheinbar unüberwindliche Grenzen seines Körpers. Beide finden neue Antworten auf die Frage: Was macht für mich wirklich Sinn? Bewertungen ändern sich. Gegebenenfalls auch Lebensumstände. Wobei Philippe seine Lähmung nicht einfach überspringen kann. Trauma-Therapeuten sagen in solchen Fällen: "Verändere deinen Umgang mit den Umständen, die du nicht ändern kannst". Und verabschiede dich von inneren Bilder, wie zum Beispiel denen, die das Männerbild in unserer westlichen Welt immer noch prägen und die dich im Negativen festhalten. Oder lass zu, dass sie sich ändern. Akzeptiere Veränderungen. Lass Altes los. Ergreife Neues. Gib dich hinein in den Fluss des Lebens, der dich trägt und weiter führt. Naemann erkennt am Ende dass er nicht dem Propheten danken muss für seine Heilung, sondern dem, dem er es letztlich verdankt, dass er sich nun heil fühlt in der Welt. „Siehe, nun weiß ich, dass es keinen Gott gibt auf der ganzen Erde, außer in Israel."

„Geh hin in Frieden", antwortet der Prophet. Trauma-Therapeuten sagen: „Vertraue – und geh." Bewahre dir das als Lebensmotto. Es kann dir hinreichen bis zum endgültigen Gehen.

Transformation

Predigt über Lukas 18, 31-34

Er nahm aber zu sich die Zwölf und sprach zu ihnen: Seht, wir gehen hinauf nach Jerusalem, und es wird alles vollendet werden, was geschrieben ist durch die Propheten von dem Menschensohn. Denn er wird übergeben werden den Heiden, und er wird verspottet und misshandelt und angespien werden, und sie werden ihn geißeln und töten; und am dritten Tage wird er auferstehen.

Sie aber begriffen nichts davon, und der Sinn der Rede war ihnen verborgen, und sie verstanden nicht, was damit gesagt war.

Es begab sich aber, als er in die Nähe von Jericho kam, dass ein Blinder am Wege saß und bettelte. Als er aber die Menge hörte, die vorbeiging, forschte er, was das wäre. Da berichteten sie ihm, Jesus von Nazareth gehe vorbei. Und er rief: Jesus, du Sohn Davids, erbarme dich meiner! Die aber vornean gingen, fuhren ihn an, er solle schweigen. Er aber schrie noch viel mehr: Du Sohn Davids, erbarme dich meiner!

Jesus aber blieb stehen und ließ ihn zu sich führen. Als er aber näher kam, fragte er ihn: Was willst du, dass ich für dich tun soll? Er sprach: Herr, dass ich sehen kann. Und Jesus sprach zu ihm: Sei sehend! Dein Glaube hat dir geholfen. Und sogleich wurde er sehend und folgte ihm nach und pries Gott. Und alles Volk, das es sah, lobte Gott.

1

Bereits mit Anfang 30 wurde sie berentet. Seither ist sie krank, über 40 Jahre schon. Sie redet über fast nichts anderes. Sie beschäftigt sich für fast nichts anderes. Für andere Menschen, so sie sich nicht auf sie beziehen, interessiert sie sich kaum. Mit ihrer Krankengeschichte und ihrem demonstrativ zur Schau gestellten Leiden gewinnt sie Aufmerksamkeit und findet immer wieder Menschen, die sich um sie kümmern. Sie sieht diese an, aber sie sieht nicht sie, sondern sie spiegelt sich nur in ihrem Blick.

Böse Zungen sagen, sie sei seit 40 Jahren von Beruf krank. Was sie verdiene an Aufmerksamkeit und Zuwendung, das erarbeite sie sich über ihre Krankheit. Würde sie über Nacht plötzlich geheilt – nicht auszudenken, was von ihr übrig bliebe.

Der Blinde an der Straße vor Jericho ist anders gestrickt. Wie lange er schon blind ist und durch Betteln sein Auskommen verdient, wird nicht erzählt. Das spielt auch keine Rolle. Er will, dass sich etwas ändert. Unbedingt sofort. Als er mitbekommt, dass der als Arzt bekannte Jesus mit seiner Entourage vorüberzieht, schreit er. Nach Verwandlung schreit er, wie verrückt, so dass die, die ihn zur Raison bringen wollen machtlos sind.

Ein Blinder will sehen. Er will heraus aus seinem Eingeschlossensein in die dunkle Welt des ausschließlichen Selbstbezugs. Man kann sich als Nicht-Blinder nicht vorstellen, wie das ist, wenn man das Gesicht eines anderen Menschen nicht sehen und seinem Gegenüber nicht in die Augen blicken kann. Natürlich entwickeln Blinde andere Sensibilitäten als Sehende. Aber wir Menschen sind Gesichtssucher. Wenn wir uns begegnen, blicken wir uns an – von Angesicht zu Angesicht. Die Vis-à-vis-Beziehung zwischen Mutter und Kind steht am Anfang jeden Lebens und begründet die Fähigkeit zwischenmenschliche Beziehungen aufzunehmen. Die wesentliche Kommunikation läuft über das Gesicht, schon zwischen Baby und Mutter. Eine Unmenge an Informationen wird über diesen Blickkontakt ausgetauscht, und das Unterbewusste, vor allem das des Kindes, wird davon geprägt. Von Angesicht zu Angesicht erkenne ich den Anderen, seine Liebe, seine Freude, seine Trauer, seine Wut. „Dein blaues Auge hält so still, Ich blicke bis zum Grund. Du fragst mich, was ich sehen will? Ich sehe mich gesund." Eines der schönsten Liebeslieder von Johannes Brahms fasst so in Poesie, wie Liebe ist. Aber auch das Gegenteil vermittelt sich über den Blick von Angesicht zu Angesicht: das Nicht-Verstehen, die Ablehnung, die Zurückweisung. Die Vis-à-vis-Szene ist die Ur-Szene zwischenmenschlicher Interaktion. Wem die Möglichkeit, daran teilzunehmen fehlt, dem fehlt Wesentliches.

Der Dokumentarfilm „Marina Abramović – The Artist is Present" („Die Künstlerin ist anwesend") handelt von einer Performance im New Yorker Museum of Modern Art (MoMA). Über 90 Tage, sechs Tage in der Woche, sieben Stunden lang, sitzt Marina Abramović auf einem Holzstuhl in der Lobby des Museums. Die 62-jährige Künstlerin verharrt dort ohne Pause, ohne zu essen, zu trinken, aufzustehen oder zu sprechen. Überwiegend reglos sieht man sie da sitzen, eine ungewöhnlich kraftvolle Frau mit markantem Gesicht und kräftigen schwarzen Haaren, anfangs in eine blaue, später in eine weiße und am Ende in eine rote Robe gehüllt. Ihr gegenüber steht ein zweiter Stuhl, auf den sich jeder setzen kann, der will. 750.000 Besucher kommen in das Museum in den drei Monaten. Jeden Morgen wird die Schlange länger. Die Menschen stammen aus New York, kommen bald aus der ganzen Welt, sie übernachten auf der Straße vor dem Museum, stehen stundenlang Schlange. Mehr als 15.000 gelingt es, ihr gegenüber auf dem Stuhl zu sitzen.

2

Dem Blinden gelingt, was er will. Jesus hört ihn, lässt ihn zu sich führen, sieht und spricht ihn an: „Was willst du, dass ich für dich tun soll?" „Herr, dass ich sehen kann." – „Sehen! Dich! Menschen! Gesichter! Die Welt! Das Schöne! Und auch das Hässliche." Das scheint mitentscheidend zu sein: Dass da einer kommt, der dieses Aufbäumen auslöst. Und der sich dann auch kümmert, indem er verharrt, den Blinden ansieht, von Angesicht zu Angesicht, und ihn anspricht. Der sich da kümmert, hat Übung im sich kümmern. An anderer Stelle im Lukasevangelium heißt es dass er vielen Blinden das Gesicht geschenkt habe (7, 22).

Marina Abramović hebt dann, wenn sich ihr jemand gegenüber gesetzt hat, ihr Gesicht. Der Filmbetrachter sieht dieses Gesicht aus der Perspektive desjenigen, der sich ihr gegenüber gesetzt hat. Man blickt in ein Gesicht mit markanter Nase und grau-grünen Augen und hat das Gefühl, noch nie einen solchen Blick gesehen zu haben und noch nie von irgendjemandem so angeschaut worden zu sein. Konzentriert blickt sie ihrem Gegenüber ins Gesicht. Dabei öffnet sie sich geradezu osmotisch für ihr Gegenüber. Alles scheint für die Dauer dieses Augenblicks möglich. Die gefilmten Bilder von diesem Spiel zwischen den Blicken wirken so anrührend, weil sie unsere elementaren Bedürfnisse treffen, Bedürfnisse, die in unserer Welt medial vermittelter Kontakte nicht mehr erfüllt werden und weil sie diese Bedürfnisse so bewusst machen: Die Hoffnung, im Angesicht eines Anderen etwas zu erfahren, was das Innerste, was das Wesen des Menschen ausmacht; die Sehnsucht, als Individuum ernst genommen, persönlich gemeint und zugleich der eigenen Würde versichert zu werden.

3

„Sei sehend", sagt Jesus zum Blinden. „Dein Glaube hat dir geholfen." Der Schrei nach Transformation und das Kümmern desjenigen, der diesen Schrei hört, führen zur Ermächtigung des Kranken und zu seiner Verwandlung. Er geht weg und bricht auf ins Offene. Der, von dem es heißt, dass er vielen Blinden das Gesicht geschenkt hat, ist der, der die Welt der Blindheit und des In-Sich-Verschlossen-Seins aufsprengt. Das Offene ist das, was er Reich Gottes nennt und es spiegelt sich in seinem Antlitz. Wer mit offenen Augen sieht, der entdeckt in jedem Gesicht Spuren einer Welt und einer Lebenswirklichkeit, die betroffen machen, die begeistern und einen infizieren mit Energie und Liebe. Die neu erlangte Fähigkeit zur Kommunikation vis-à-vis entwickelt eine ungekannte Dynamik und zugleich eine Intensität und eine Intimität, die so vorher nicht da waren. Das reißt den Verwandelten wie die, die das Geschehen beobachten, hin zum Gotteslob. Sie können gar nicht anders.

Aus den Gesichtern der Menschen, die Marina Abramović gegenüber sitzen, kann man vieles lesen: Angst, Glück, Trauer, Hoffnung, alles, was man sich vorstellen kann – aber niemals Gleichgültigkeit. Menschen fangen an zu weinen, wie Pilger an einem Wallfahrtsort, die sich danach sehnen, geheilt zu werden. Frauen halten die Hand auf's Herz. Andere lächeln verklärt. Einer Mutter kommen die Tränen, als ihr Kind, ein Zehn- oder Zwölfjähriger von seiner Sitzung zurückkommt. Eine Frau bricht weinend zusammen, als hätte sie soeben eine letzte Wahrheit erfahren. Manche berichten danach von einer lebensverändernden Erfahrung. Was geschieht bei dieser wortlosen Art von Kommunikation? „Energie-Transfer" nennt Marina Abramović das, was bei diesen Sitzungen geschieht. Ihr Gegenüber empfängt im Museum etwas, woran es ihm im Leben mangelt: Stille, eine meditative Stimmung, einen anderen Bewusstseinszustand als im Alltag; ungeteilte Aufmerksamkeit und was diese bewirken kann; einen Blick, der allein ihm gilt. „Bedingungslose Liebe", sagt Marina Abramović hinterher. Das habe sie empfunden für jede Person, die ihr gegenüber saß, selbst für diejenigen, die abgekoppelt blieben, was es auch gab. Das Innehalten ohne jede Möglichkeit der Ablenkung lasse die Alltagsfassaden, in denen man sich eingemauert habe, in sich zusammen brechen. Deshalb rännen so viele Tränen über die Gesichter. Alte Frauen weinen, halbwüchsige Jungs, Männer in Anzügen, junge Mädchen. „Ich sah so viel Schmerz, so viel Leiden", sagt Marina Abramović. „Sie leiden am Mangel an Liebe. Am Mangel an menschlicher Berührung." Am Mangel an face-to-face-Kommunikation. Wer sich ihr gegenüber setzt, setzt sich einer solchen aus. Der oder die riskiert etwas und erfährt eine Verwandlung. „Wenn Du nichts riskierst, dann bedeutet das, dass du immer dasselbe tust."

4

Nun ist die Erzählung vom Blinden der sehend wird, aber nur die eine Hälfte der Geschichte. Vor der Heilung spricht Jesus zu seinen Jüngern von seinem Schicksal. Er, der Arzt, der, in dessen vis-à-vis-Kommunikation das Gottesreich aufscheint, wird leiden. „Denn er wird übergeben werden den Heiden, und er wird verspottet und misshandelt und angespien werden, und sie werden ihn geißeln und töten; und am dritten Tage wird er auferstehen." Was hat das Leiden mit dem Heilen zu tun? Jericho, wo die Szene spielt, liegt nur noch 26 Kilometer von Jerusalem entfernt. Jerusalem ist Jesu Ziel. „Dort wird alles vollendet werden." Nicht nur einzelne Blinde und Lahme, die ganze Welt wird dann geheilt sein. Was im Kleinen schon vollzogen, wird im Großen noch geschehen. Das wird ein schwerer und schmerzhafter Prozess. Jesus wird sich aussetzen und „dahingegeben“ werden. Hingabe braucht es schon für weniger als die Rettung der Welt. Und sie kann schmerzhaft sein. Der Weg durch die Passion ist Teil der Transformation.

„Es sieht einfach aus“, sagt Marina Abramović über ihre Performance. „Ich sitze einfach da, aber ich erleide höllische Schmerzen.“ Man betrachtet sie und erkennt in ihr mit zunehmender Dauer einen Märtyrerkörper, man sieht eine Mater dolorosa mit rotgeränderten Augen, aber empfänglichem Geist. Es ist für sie ein Durchleben und Erleben von Extremen. Durch das „Tor des Schmerzes“, sagt sie, gelange sie in einen anderen Bewusstseinszustand, der die radikale Offenheit für das Gegenüber erst ermögliche. Wie man dazu kommt, solche Aktionen zu machen? „Meine Mutter hat mich nie geküsst, nie im Arm gehalten“ erinnert sich Marina Abramović. „Meine (jugoslawische) Kindheit bestand aus Drill und Pünktlichkeit. Ich wurde zum Soldaten erzogen ohne Liebe aber ich hatte eine liebevolle Großmutter, die sehr gläubig war. Ich wuchs also auf mit dieser seltsamen Mischung aus kommunistischer Disziplin und Spiritualität. Das machte mich zu dem, was ich heute bin.“ Am Ende ihres Sitzungstages sieht man sie erschöpft in die Yoga-„Haltung des Kindes“ zu Boden fallen. Man begleitet sie ins Umkleidezimmer und erlebt mit wie sie ihre Gliederschmerzen herausstöhnt. „Es geht bei diesem Stück um Liebe“, sagt sie. „Wenn du dein Herz öffnest, tut es weh. Ich wusste nie, dass das Herz wehtun kann vor Liebe, vor selbstloser Liebe.“ „Bedingungslose Liebe zu jemandem, den du noch nie getroffen hast, ist ein direktes Gefühl, das überwältigend und erfüllend ist. Es ist nicht leicht, das zu tun. Ich versuchte einen Raum zu gestalten, wo ich wirklich leer war. Ich bin Empfänger und Sender zugleich. Dann kann ich mich öffnen und verletzbar sein und diese andere Person kann sich in diesem Moment komfortabel fühlen und loszulassen, all ihre Schmerzen und ihr Herumirren, und fühlen, dass ich bedingungslos liebe und dass ich nichts daraus herausziehen will.“

Sich auf solche Prozesse einzulassen oder ihnen zuzusehen oder auch nur davon zu lesen oder zu hören, fordert heraus zur Nachfolge. Denn: „Christ ist jemand, der glaubt, dass Unempfindlichkeit oder Gleichgültigkeit das Schlimmste ist, was passieren kann.“ (Klaas Huizing).

Der Lebensbaum

Konfirmationspredigt

1

Liebe KonfirmandInnen, liebe Festgemeinde,

Bäume sind etwas Faszinierendes. Wenn man aus dem Fenster schaut und man blickt auf grüne Bäume, dann ist das beruhigend. Wenn man in der Sommerhitze im Wald spazieren geht und im Schatten grüner Baumkronen sitzen kann, dann ist das Balsam für die Seele. Und dann gibt es die einzelnen Bäume – Bäume, die krumm gewachsen sind oder knorrige Exemplare. Sie erzählen ganze Geschichten. Es gibt Bäume, die alleine stehen. Mein Blick bleibt an ihnen haften. Mein Blick kann sich auf sie konzentrieren. Und manchmal hilft mir solch Baum sogar, mich auf mich selbst zu konzentrieren.

2

„Wenn du ein Baum wärst – was wärst du dann für einer?"

Nicht nur Kinder fragen im Spiel so. Wenn ich mir überlege, welche Art von Baum auf euch KonfirmandInnen passen würde, da würde mir für euch ganz unterschiedliche einfallen.

Diese Verbindung von Mensch und Baum ist uralt. Ein Baum kann ein Bild – ein Symbol - für einen Menschen sein. Es gibt Menschen, die sind stark wie eine Eiche. Die wirft so schnell nichts um. Es gibt Menschen, die sind zart wie ein kleiner Baumschössling. Die brauchen Schutz, damit sie nicht zertrampelt werden. Andere sind schlank und biegsam – im übertragenen Sinne. Die wirft kein noch so heftiger Lebenssturm um. Und es gibt Menschen, die gleichen alten Ölbäumen. Sie sind alt und knorrig. Sie sind exzentrisch und grünen doch immer noch und bringen Frucht.

In vielem gleichen wir Menschen den Bäumen: Wir wachsen aus Samen, wie die Bäume, wir brechen durch ans Tageslicht, klein und gefährdet zunächst und werden immer größer. Die meisten werden irgendwann einmal baumstark. Wir blühen und tragen Frucht und werden hoffentlich alt und knorrig und nicht zu früh gefällt.

Wir Menschen wachsen und verändern uns. Im Konfirmandenalter geschieht dies besonders krass. Wenn man die Bilder anschaut, die Portraits von euch vom Beginn des Konfirmandenunterrichts und die vom Ende, dann sieht man fast allen Bildern an, dass sich da etwas verändert hat. Ihr seid größer geworden in diesem Jahr, reifer und erwachsener. Und das ist gut so.

Natürlich kommt der Baum als Sinnbild für den Menschen auch in der Bibel vor. Im 1. Psalm ist es uns z.B. begegnet: Wer Lust hat am Gesetz des Herrn hat – d.h.: Wer sich an die Weisheiten Gottes hält, „der ist wie ein Baum, gepflanzt an Wasserbächen und seine Blätter verwelken nicht.“ Denn die Weisheiten Gottes sind keine einschränkenden bürgerlichen Moralsprüche. Sie wollen uns helfen, dass wir als einzelne und als Gemeinschaft gut leben können.

Das Wasser begegnet uns auch in der Taufe. Ohne Wasser könnten wir nicht leben. Wasser ist Lebenskraft. Zeichenhaft werden wir in der Taufe damit begossen, damit wir wachsen und gedeihen und blühen und Früchte tragen in unserem Leben. Gott sagt uns in der Taufe und bei der Konfirmation, in der der Tauf-Bund bestätigt wird: Ihr sollt Leben! Euch soll das Leben blühen! Und ich möchte euch das Notwendige dazu geben, was ihr braucht, damit euer Leben gelingt: Meinen Segen. Gleichzeitig ruft er uns dazu auf, immer wieder die Quelle zu suchen, aus der seine Kraft fließt: Damit wir nicht austrocknen. Damit wir innerlich nicht verdorren im Laufe unseres Lebens. Damit wir nicht zu harten, egoistischen und unfreundlichen Menschen werden.

In der Bibel (in 1. Mose 49) ist dazu ein wunderschönes Bild überliefert: Der altgewordene Jakob ruft kurz vor seinem Tod alle seine Söhne zu sich, um sie zu segnen. Zu seinem noch jungen Sohn Josef sagt er: „Josef wird wachsen, er wird wachsen wie ein Baum an der Quelle, dass die Zweige emporsteigen. Von deines Vaters Gott werde dir geholfen, und von dem Allmächtigen seiest du gesegnet mit Segen vom Himmel herab, mit Segen von der Flut, die drunten liegt.“

Wasser und Segen - Lebenskraft vom Himmel und Leben schaffende Kraft aus der Tiefe – beide sind da. In der Taufe und bei der Konfirmation wird es uns zugesprochen. Es ist uns geschenkt. Zum Glück. Aus beidem können wir leben: Fest gegründet auf der Erde, mit aufrechtem Rückgrat aufgerichtet nach oben.

3

Zu Beginn des Konfirmandenunterrichts haben wir sehr genau unsere Kirche angeschaut. Dabei haben Bäume eine große Rolle gespielt. Eine ganze Reihe von Bäumen sehen wir auf der Altarwand unserer Stadtpfarrkirche in Stuttgart-Gaisburg. Bäume im Paradies, der Baum der Erkenntnis und der Baum des Lebens. Eine ganz besondere Art Baum in Gestalt des Schlangenkreuzes ist zu sehen. Es erzählt von Mose und dem Volk Israel in der Wüste und spielt eine wichtige Rolle im

Zusammenhang der Unzufriedenheit des Volkes und ihrer Gefährdung und Rettung. Und der „Baum“ in der Gestalt des Kreuzes Christi kommt vor. Er berichtet davon, wie das Leben, das uns Menschen geschenkt ist, gefährdet ist durch Sünde und Schuld, durch Missgunst und Gewalt und Tod. Die vielen Bilder an dieser Wand - egal ob mit oder ohne Bäume - erzählen Geschichten aus der Bibel. Diese Geschichten erzählen vom Leben. Sie erzählen von Erfahrungen, die Menschen in ihrem Leben vor zwei- oder dreitausend Jahren gemacht haben. Und wenn wir sie genau betrachten, dann merken wir, dass wir heute oft ganz ähnliche Erfahrungen machen: Wir leben nicht im Paradies. Manchmal geht´s bei uns hässlich zu. Wir sind nicht perfekt. Wir sind nicht superschlau. Und wenn wir uns für superschlau halten, dauert es meistens nicht lange, bis wir auf die Nase fallen. Wir sind nicht alle reich und schön und gesund. Wir sind nicht fehlerfrei, moralisch perfekt und super gut. Zum Leben gehört das Schöne. Zum Glück. Vieles in unserem Leben ist schön. Vieles können wir, und vieles gelingt uns: Wir erfahren Liebe, und wir können lieben. Aber wir erfahren auch das Gegenteil: Wir erfahren Hässliches und Gemeinheiten, Streit und Krieg, Scheitern und Hass und Zerwürfnisse. Immer wieder machen alle von uns Dinge, die gar nicht O.K. sind. Alle diese Erfahrungen stecken drin in diesem Wandbild. Aber die wichtigste Aussage dieses Bildes geht über diese Erfahrungen hinaus. Sie sagt: Das Leben siegt. Es bleibt nicht bei unserem Scheitern. Der Tod ist nicht das Ende. Grüne Ranken umwachsen all die Bilder vom gefährdeten und scheiternden Leben: Uns allen blüht das Leben! Aus dem Kreuz wächst neues Leben! Das Kreuz wird für uns zum Lebensbaum!

4

Es gibt einen Satz von Jesus, der hört sich paradox an:

„Christus spricht: Wenn das Weizenkorn nicht in die Erde fällt und erstirbt, bleibt es allein. Wenn es aber erstirbt, bringt es viel Frucht.“ (Johannes 12, 24)

Da steckt eine Aussage drin, die ihr alle erlebt – gerade jetzt in der Pubertät. Das ist ja eine Lebensphase, die zugleich schön ist und furchtbar schwierig und hart. Ihr müsst zunehmend mehr Verantwortung übernehmen: mehr Verantwortung für euch selbst, mehr Verantwortung für andere und auch für die Welt.

Schwarzer Hirsch, ein Indianerkind, hat das auf ganz eigene Weise an sich selbst erlebt. Schon als 9-jähriger hatte er seltsame Träume. Mit 15 kamen sie wieder, auf heftige und krasse Art und Weise. Schwarzer Hirsch träumte immer wieder von einem Baum. Eine Stimme sprach zu ihm im Traum: „Dir ist anvertraut der heilige Stab und der Kreis deines Volkes. In die Mitte des Kreises sollst du deinen Stab setzen und ihn zu einem schirmenden Baum aufwachsen lassen und zu voller Blüte.“ Und dann erzählt Schwarzer Hirsch, was er sah: „Da fasste ich den glänzenden roten Stab, und in der Mitte des Kreises meines Stammes stieß ich ihn in die Erde. Als er den Boden berührte, bewegte er sich mächtig in meiner Hand und er war ein grünender Baum, sehr hoch und voll blättriger Äste und singender Vögel. Unter ihnen waren alle Tiere mit den Menschen versammelt wie mit Verwandten und stießen Freudenrufe aus. Und alle Männer und Frauen riefen: Hier werden wir unsere Kinder aufziehen und sein wie Küken unter Gottes Flügel."

Was dem 15-jährigen Schwarzen Hirsch hier passierte, das war Konfirmation auf indianisch. Es war das plötzliche und durchaus auch schmerzhafte Fühlen, Wissen und Begreifen:

Ich habe jetzt eine Aufgabe. Meine Aufgabe heißt, Verantwortung zu übernehmen für die Menschen meines Volkes in schwierigen Zeiten. 87 Jahre alt wurde Schwarzer Hirsch am Ende. Viele Jahre Arbeit und Kampf für das Überleben seines Volkes folgten seiner „Konfirmation". Es waren schöne Jahre, aber auch kallharte Jahre. Er ist oft gescheitert als Häuptling seines Volkes. Er musste oft zurückstehen und seine eigenen Bedürfnisse zurückstellen. Seine Mission war, zu arbeiten für Andere und für das große Ganze seines Stammes.

Ihr seid zum Glück keine Indianerkinder, die im Wilden Westen in Zeiten des Krieges zwischen Indianern, weißen Siedlern und der amerikanischen Armee leben. Hoffentlich werden euch vergleichbare Erfahrungen in eurem Leben erspart bleiben. Aber diese Erfahrung, die Christus mit diesem seltsamen Satz ausgesprochen hat, die wird euch nicht erspart bleiben:

Christus spricht: Wenn das Weizenkorn nicht in die Erde fällt und erstirbt, bleibt es allein. Wenn es aber erstirbt, bringt es viel Frucht. (Johannes 12, 24)

Jesus redet hier zunächst natürlich von sich selbst. Er beschreibt sein Leben und Wirken für andere: seine Anstrengungen, Gottes Willen auf der Welt zum Wachsen zu verhelfen; das Leben zu stärken; die vielen gefährdeten Menschen um sich herum zu schützen und ihnen wie zarten Pflänzchen oder abgefressenen Bäumen zu neuem Leben zu verhelfen - und sei es um den Preis seines eigenen Wohlergehens oder gar seines Scheiterns als Mensch.

Aber Jesus redet hier auch von uns allen. Von euch und mir und allen, die heute Morgen hier zusammengekommen sind. Wie er das auf uns bezogen meint, das möchte ich durch eine alte Geschichte verdeutlichen:

Christophorus lebte an einem tiefen Fluss. Er war groß und stark. Gestützt auf eine große Stange trug er Menschen durch den Fluss. Eines Tages hörte er ein Kind rufen: „Christophorus, komm heraus und setze mich über." Er stand auf und lief hinaus, konnte aber niemanden finden. Also ging er wieder in seine Hütte. So ging es noch ein zweites Mal. Beim dritten Mal fand er das Kind am Ufer. Es bat darum, dass er es hinübertrage.

Christophorus nahm das Kind auf seine Schultern und ging in das Wasser. Da wuchs das Wasser höher und höher, und das Kind war so schwer wie Blei. Je weiter er schritt, je höher stieg das Wasser, je schwerer ward ihm das Kind auf seinen Schultern. Er bekam große Angst und fürchtete schon, zu ertrinken. Mühsam gelangte er ans andere Ufer. Dort setzte er das Kind ab und sagte: „Du hast mich in große Gefahr gebracht, Kind. Du bist auf meinen Schultern so schwer gewesen, als hätte ich die ganze Welt getragen." Das Kind antwortete: „Du brauchst dich nicht zu wundern, Christophorus. Du hast nicht allein alle Welt auf deinen Schultern getragen, sondern auch den, der die Welt erschaffen hat. Und damit du siehst, dass ich die Wahrheit rede, so nimm deinen Stab, wenn du wieder hinüber gegangen bist, und stecke ihn neben deiner Hütte in die Erde. So wird er des Morgens blühen und Frucht tragen." Christophorus ging hin und pflanzte seinen Stab in die Erde. Und als er morgens aufstand, trug der Stab Blätter und Früchte.

Liebe KonfirmandInnen, wenn ich mich konfirmieren lasse, dann heißt das: Ich übernehme Verantwortung für mich und für meinen Glauben. Ich bin ChristIn.

Wenn ich mich konfirmieren lasse, dann ist klar, dass ich manchmal in die Rolle des Christophorus hineinschlüpfe. Das heißt, dass ich kämpfen muss. Manchmal muss ich gegen den Strom schwimmen. Das kann zum Beispiel so aussehen:

In der Straßenbahn sitzt eine Schülerin in eurem Alter mit ihrer Freundin. Da kommt eine Clique herein, lautstark und raumergreifend. Sie setzen sich hinter die beiden und blaffen das eine Mädchen an, abwechselnd, und jeder macht mit: „Was hast denn du für beknackte Turnschuhe an? Echt Aldi oder was?" „Schau dir doch bloß mal die bekloppte Jacke an. Voll aus der Altkleidersammlung." „Und diese bescheuerte Frisur!" „Mann, du siehst echt Scheisse aus." Und so geht es, lange, quälende zehn Minuten lang – bis die Clique irgendwo aussteigt. Niemand greift ein. Das Mädchen ringt mit den Tränen, versucht mühsam die Fassung zu bewahren. Schließlich sagt sie zu ihrer Freundin: „Wenn ich wollte dann könnte ich mir jeden Tag teure Klamotten kaufen. Aber ich habe keinen Bock dazu." Man sieht, dass das natürlich nicht stimmt. Man weiß, dass die Clique das genau wusste. Und man denkt: Eigentlich müsste jetzt jemand hingehen und das Mädchen in den Arm nehmen und sagen: Du bist schön – so wie du bist. Du bist ein Kind Gottes – unendlich wertvoll.

So leicht und so schwer kann es sein, zum Christophorus im Alltag zu werden. Leben ist nicht nur fun haben. Im Leben geht nicht alles easy. Leben bedeutet auch zu kämpfen: Gegen Ströme der Mode, gegen Meinungen von Anderen, gegen Stärkere und Einflussreichere. Und das geht. Ich kann es – weil ich weiß, ich trage Christus wie Christophorus, wenn ich es tue. Ich habe eine Mission, die einen Sinn hat. Und ich kann darauf vertrauen, dass dann, wenn es eng wird auch ich getragen werden. Dass ER mich trägt. Wenn ich mich so oder so ähnlich an Christophorus orientiere, dann passiert auch das, was ihm passiert, als er am Ende der Geschichte seinen Stab in die Erde steckt. Er fängt an zu blühen und Frucht zu tragen.

Ich kann dazu beitragen, dass das Leben blüht. Dass es mir und anderen gut geht. Dass wir das nicht immer alleine richten können, ist klar. Dass Gott da manchmal selbst eingreifen muss, das haben wir gesehen am Beispiel Jesu. Sein Kreuz ist zum Lebensbaum für viele geworden.

Gott will, dass wir leben. Er will, dass es uns gut geht. Er will, dass wir uns nie entmutigen lassen. Er will, dass wir immer wieder feiern und tanzen können um den Baum des Lebens. Das verspricht er uns in der Taufe und bei der Konfirmation. Dass das in eurem Leben Wirklichkeit bleibt und Wirklichkeit wird, das hoffen wir. Und das wünsche ich euch heute.

"Take this waltz, it's all that there is."

Predigt über Johannes 21, 15-19

1

Noch einmal offenbart sich der Auferstandene. Den sieben Jüngern, die am See von Tiberias in Galiläa eine Nacht lang ohne Erfolg versucht haben zu fischen erscheint er im Morgengrauen. Ohne dass die ihn erkennen, gibt er ihnen den entscheidenden Tipp zum Erfolg. Als die Jünger nach vollendetem Fischzug ans Ufer kommen, erwartet er sie am Kohlefeuer mit Fischen und Brot und lädt sie zum Mahl:

Als sie nun das Mahl gehalten hatten, spricht Jesus zu Simon Petrus: Simon, Sohn des Johannes, hast du mich lieber, als mich diese haben? Er antwortet ihm: Ja, Herr, du weißt, dass ich dich lieb habe. Spricht Jesus zu ihm: Weide meine Schafe!

Spricht er zum zweiten Mal zu ihm: Simon, Sohn des Johannes, hast du mich lieb? Er antwortet ihm: Ja, Herr, du weißt, dass ich dich lieb habe. Spricht Jesus zu ihm: Hüte meine Herde!

Spricht er zum dritten Mal zu ihm: Simon, Sohn des Johannes, hast du mich lieb? Petrus wurde traurig, weil er zum dritten Mal zu ihm sagte: Hast du mich lieb?, und antwortet ihm: Herr, du weißt alle Dinge, du weißt, dass ich dich lieb habe. Spricht Jesus zu ihm: Weide meine Herde!

Wahrlich, wahrlich, ich sage dir: Als du jünger warst, gürtetest du dich selbst und gingst, wo du hinwolltest; wenn du aber alt wirst, wirst du deine Hände ausstrecken und ein anderer wird dich gürten und führen, wo du nicht hinwillst.

Das sagte er aber, um anzuzeigen, mit welchem Tod er Gott preisen würde.

2

Als alles vorbei ist, schüttet Lou mit einem traurigen Grinsen Margot, als sie gerade unter Dusche steht, noch ein letztes Mal ein Glas kaltes Wasser über den Kopf. Er zeigt ihr das leere Glas und sagt: „Mit 80 wollte ich Dir sagen, dass ich das die ganze Zeit war." Margots allmorgendliche unfreiwillige warm-kalte Wechseldusche lag also nicht an einer defekten Wasserleitung, wie sie immer geglaubt hatte. Diese kalte Dusche gehörte zu den Liebesspielen, die die beiden während ihrer fünf Jahre gemeinsamen Lebens gespielt hatten. Wie sich das eben so abspielt zwischen sich liebenden Erwachsenen: Da gibt es intime Dialoge in Babysprache, die für Außenstehende peinlich klingen mögen, da macht man sich ironische Komplimente, die nur der bzw. die andere richtig versteht, und man sagt im Laufe der Jahre zueinander: „Ich liebe dich" in geschätzten 99 verschiedenen Tonfällen. Wobei man dieses „Ich liebe dich" auch ohne Worte sagen kann, zum Beispiel durch einen morgendlicher Guss eiskalten Wassers über den Kopf.

Wenn man Lou und Margot, die beiden Endzwanziger in Sarah Polleys Geschichte „Take This Waltz", beobachtet in ihrem alltäglichen Umgang miteinander, wenn man sie feiern sieht inmitten ihrer vielen Freunde, dann denkt man: Was für ein glückliches Paar! Das sind sie auch. Jedenfalls eine Zeit lang. Doch irgendwann sind die Liebeserklärungen und die Komplimente nicht mehr ganz echt, irgendwann geraten die beiden aus dem Takt und reagieren nicht mehr wie erwartet auf die Stichworte des anderen. Diese Beziehung, die sich über Jahre hinweg gefestigt und eingespielt hatte in einem Schwebezustand zwischen zärtlicher Aufmerksamkeit und Routine, gerät aus dem Gleichgewicht. Margot hält auf einmal auch ein anderes Leben für möglich. Ohne es zu wollen, verliebt sich in Daniel, den sie im Flugzeug kennengelernt hat und der zufällig in ihrer Nähe wohnt. Er scheint der Gegenentwurf zu Lou zu sein, und die sich anbahnende Beziehung zu ihm eröffnet ihr ein anderes Leben im Konjunktiv. Zugleich funktioniert sie als Lackmustest, als Indikator für alles Falsche, Eingefahrene und Leere, das es in ihrem gemeinsamen Leben auch gibt. Unaufgeregt wird in dieser Geschichte deutlich, wie willkürlich und unberechenbar Sehnsucht sein kann und wie das Leben manchmal spielt, wie es mit seinen Akteuren spielt. Denn manchmal kommt es anders als man denkt, und alle „Ich liebe dich"-Beteuerungen werden Makulatur, obwohl sie in dem Moment, in dem sie ausgesprochen wurden, echt waren. „Und ich dachte, du wirst bei mir sein, wenn ich sterbe", sagt Lou zu Margot, nachdem sie ihm eröffnet hat, dass sie ihn verlassen wird. Manchmal ist die Liebe eben „nicht eine Möglichkeit, sie verdankt sich nicht unserer Initiative, sie ist ohne Grund, sie überfällt uns und verwundet uns." (Byung Chul Han). Und so stellt sich in unserem zwischenmenschlichen Leben immer wieder die Frage, wie haltbar einmal ernsthaft ausgesprochen Sätze wie: „Ich liebe dich!" sind. Oder anders herum gefragt: Wie es um ihr Verfallsdatum steht.

3

Wenn es eine Frage gibt, die uns im Innersten berührt dann ist es die Frage: „Hast du mich lieb?" Wer hat mich je danach gefragt? Was habe ich darauf geantwortet? Was dachte ich bei meiner Antwort und was fühlte ich, was fühlte ich im Innersten? Wen habe ich jemals gefragt: Hast du mich lieb? Welche Antwort habe ich darauf bekommen? Welche habe ich gehört? Und was hat diese Antwort in mir ausgelöst?

Jesus stellt Petrus diese Frage gleich dreimal hintereinander: Hast du mich lieb? Fast könnte man den Eindruck gewinnen, als bettle der, der da fragt, geradezu um die Liebe des anderen. Fast könnte man auch geneigt sein, hinter der dreimaligen Wiederholung einen satirischen Zug zu erkennen. Oder man will dem Fragenden sagen: Jetzt glaub ihm halt! Was soll er denn sonst noch sagen, dass du ihm glaubst? Es ist der Gefragte, der in einem Mitleid erregen kann, weil er so unter Druck gesetzt wird. Dem wird es irgendwann tatsächlich zu viel. Dass Jesus mit seiner schlichten Antwort: „Du weißt, Herr, dass ich dich lieb habe" nicht zufrieden ist, macht ihn traurig. Wie soll er ihm denn noch die Glaubwürdigkeit seiner Liebe beweisen? „Herr, du weißt alle Dinge, du weißt, dass ich dich lieb habe." Was soll er sonst tun, als den Ball geradezu demütig zurückspielen?

Der Dialog entwickelt sich nun aber anders als nach dem erwartbaren Muster: „Hast Du mich lieb?" „Ja." „Ich dich auch." Statt des „Ich dich auch" erteilt Jesus Petrus einen Auftrag: „Weide meine Schafe." Ihm geht es zumindest nicht nur um ein affektives Gefühl, oder um eine intime Liebesbezeugung. Die Liebe, die Jesus sucht, drückt sich aus in Petrus Sorge und Fürsorge für die Freunde. Die christliche Gemeinde, die sich in ihrem Repräsentanten Petrus gespiegelt sieht, teilt ihre Liebe zu Jesus aus durch ihr Leben für andere und mit anderen.

4

Jede/r, der die Bibel und ihre Passionsberichte kennt, weiß um die Vorgeschichte dieser beiden. Zu offenkundig sind in diesem Dialog und an den Umständen, unter denen er geführt wird, die Anspielungen an das, was bisher geschah: Petrus war der erste Jünger, den Jesus einst direkt von seiner Arbeit auf dem Fischerboot weg berufen und der sich spontan zur Nachfolge entschieden hatte. So gesehen waren Jesus und Petrus alte und ziemlich beste Freunde. Petrus war derjenige, der Jesus beim Letzten Abendmahl, kurz vor dem Gang nach Gethsemane, fragte: „Herr, warum kann ich dir diesmal nicht folgen?“ Und dann aus vollem Herzen sagte: „Ich will mein Leben für dich lassen.“ Jesus entgegnete ihm: „Du willst dein Leben für mich lassen? Wahrlich, wahrlich, ich sage dir: Der Hahn wird nicht krähen, bis du mich dreimal verleugnet hast.“ (13,37f.). An einem anderen Kohlefeuer als dem, an dem sie nun am See Tiberias sitzen, im Hof von Hannas und Kaiphas, wurde Jesu Prophezeiung wahr: Petrus verleugnete den gefangenen besten Freund, den vom Tode bedrohten Geliebten, dreimal (17,12-27). Johannes verschweigt die Reaktion des Petrus, als dieser den Hahn krähen hörte. Es ist Matthäus, der sie schildert: „Und Petrus ging hinaus und weinte bitterlich.“ (Matthäus 26,75). Derjenige, der hier an diesem Kohlefeuer am See Tiberias gefragt wird: „Hast du mich lieb?“, der hat den, der da fragt, bereits mehrfach verraten, allen Liebes- und Treuebekundungen zum Trotz.

5

Vermutlich ist Verrat eine unvermeidliche Kehrseite der Liebe. Vielleicht ist in dieser Welt zwischen uns starken/schwachen Menschen perfekte Liebe unmöglich. Es gibt keine Liebe ohne kleinere und größere Verrate. Jesus scheint das zu wissen.

Und auch Petrus scheint sich dessen bewusst zu sein. Er weiß sich trotz seines Versagens in der Liebe seines Herrn und Freundes Jesu geborgen. Durch alle Verratserfahrungen hindurch hat er im Blick auf Jesus immer die Erfahrung gemacht: Liebe ist die Antwort! Nicht die Frage! Denn vorweg in ihrer gemeinsamen Geschichte, vor allen gelungenen und halbgelungenen menschlichen Liebesbemühungen, galt die unverbrüchliche Zusage: „Denn also hat Gott die Welt geliebt, dass er seinen eingeborenen Sohn dahin gab, damit alle, die an ihn glauben, das ewige Leben haben“ (3,16).

Liebe ist etwas, das Menschen versprechen, aber nicht halten können. Man kann/muss es wollen, aber dann kommt es manchmal anders als man denkt oder eigentlich will. Liebe ist etwas so Kostbares wie Zerbrechliches. Der Auferstandene und Petrus wissen das. Petrus ist kein strahlender Glaubensheld. Petrus ist ein Mensch – ein Mensch wie du und ich – ein Mensch mit ambivalenten Zügen. Dieser ambivalenten Figur traut Jesus eine Menge zu. Durch diesen Dialog bringt Jesus ihm bei, was Hirte sein bedeutet: im biblischen Sinne Hüter seines Bruders sein (Gen. 4,9) – Hüter/in seiner Freundinnen und Freunde werden. Die Verantwortlichkeit rührt nicht von der Brüderlichkeit, sondern die Brüderlichkeit ist der Name für die Verantwortlichkeit für den Anderen, die jenseits meiner Freiheit liegt (Emanuel Lévinas). Jesu Erbe, so zeigt diese Szene, wird verwaltet in der Gemeinschaft der Liebenden und Verletzten, der Gebrochenen und Wiederauferstandenen. Jesu Erbe wird verwaltet von denen, die sich um das Kohlenfeuer am See Tiberias versammelt haben und es wird verwaltet in all den gegenwärtigen Gemeinschaften der Liebenden und Verletzten, der Gebrochenen und Wiederauferstandenen, die sich in allen möglichen Kirchen, Hütten und Baracken auf der ganzen Welt in Jesu Namen versammeln. Die Liebe, die vor Jesus erfragt wird, muss weder heldenhaft noch übermenschlich sein. Sie kann gebrochen sein und manchmal halbherzig. Spontan und überfließend kann sie sein, genauso wie untreu und reuevoll. Vielleicht macht gerade das die menschliche Liebe zur Liebe: dass sie so unfertig ist, dass sie so inkonsequent und dann doch auch wieder so eindeutig und stark sein kann.

6

Liebe muss nicht schützen vor einem bitteren (irdischen) Ende. Liebe ist immer bedroht. „Die Liebe ist kein langer, ruhiger Fluss. Sie kann unsere Körper biegen, ihnen gewaltige Qualen bereiten“ (Alain Badiou). Vielleicht ist davon in dem irritierend schweren Satz Jesu die Rede, in den sein Gespräch mit Petrus mündet: „Wahrlich, wahrlich, ich sage dir: Als du jünger warst, gürtetest du dich selbst und gingst, wo du hinwolltest; wenn du aber alt wirst, wirst du deine Hände ausstrecken und ein anderer wird dich gürten und führen, wo du nicht hinwillst.“ Im Erzählzusammenhang verweist dieser Satz auf das Martyrium am Kreuz, das Petrus als Konsequenz seiner Liebe noch bevorsteht. Aber davon losgelöst steckt in diesem Satz auch eine Lebenswahrheit, die überzeitlich ist und gilt, gerade auch in Zusammenhang mit der Liebe.

Liebe ohne Zweifel und Krisen, Liebe ohne Irrwege und Umkehr gibt es nicht. „Liebe in ihrer Geschichte von untreuer Treue sich und anderen gegenüber kann zu nicht frei gewählten Verpflichtungen und letztlich bejahten Konsequenzen führen, die juvenilen Idealen von Freiheit und Selbstbestimmung widersprechen.“ (Gerhard

Marcel Martin). Alle, die lieben, müssen diesen Weg durchschreiten. Das gilt nicht nur für die vergleichsweise jungen Liebenden wie Margot, Lou und Daniel aus „Take this Waltz“, von denen eingangs die Rede war. Unser (Liebes)Leben spielt nicht nur im Dreivierteltakt und lässt uns nicht nur in den Himmel hineintanzen. Manchmal lässt es uns auch durch Abgründe taumeln. Aber das in den Himmel hineintanzen gehört glücklicherweise gelegentlich auch dazu.

Perspektivwechsel

Predigt zu Hesekiel 34, 1-16.31

Und des HERRN Wort geschah zu mir: Du Menschenkind, weissage gegen die Hirten Israels, weissage und sprich zu ihnen: So spricht Gott der HERR: Wehe den Hirten Israels, die sich selbst weiden! Sollen die Hirten nicht die Herde weiden? Aber ihr esst das Fett und kleidet euch mit der Wolle und schlachtet das Gemästete, aber die Schafe wollt ihr nicht weiden. Das Schwache stärkt ihr nicht, und das Kranke heilt ihr nicht, das Verwundete verbindet ihr nicht, das Verirrte holt ihr nicht zurück, und das Verlorene sucht ihr nicht; das Starke aber tretet ihr nieder mit Gewalt. Und meine Schafe sind zerstreut, weil sie keinen Hirten haben, und sind allen wilden Tieren zum Fraß geworden und zerstreut. Sie irren umher auf allen Bergen und auf allen hohen Hügeln und sind über das ganze Land zerstreut, und niemand ist da, der nach ihnen fragt oder auf sie achtet.

Darum hört, ihr Hirten, des HERRN Wort! So wahr ich lebe, spricht Gott der HERR: weil meine Schafe zum Raub geworden sind und meine Herde zum Fraß für alle wilden Tiere, weil sie keinen Hirten hatten und meine Hirten nach meiner Herde nicht fragten, sondern die Hirten sich selbst weideten, aber meine Schafe nicht weideten, darum, ihr Hirten, hört des HERRN Wort! So spricht Gott der HERR: Siehe, ich will an die Hirten und will meine Herde von ihren Händen fordern; ich will ein Ende damit machen, dass sie Hirten sind, und sie sollen sich nicht mehr selbst weiden. Ich will meine Schafe erretten aus ihrem Rachen, dass sie sie nicht mehr fressen sollen.

Denn so spricht Gott der HERR: Siehe, ich will mich meiner Herde selbst annehmen und sie suchen. Wie ein Hirte seine Schafe sucht, wenn sie von seiner Herde verirrt sind, so will ich meine Schafe suchen und will sie erretten von allen Orten, wohin sie zerstreut waren zurzeit, als es trüb und finster war, will sie aus allen Völkern herausführen und aus allen Ländern sammeln und will sie in ihr Land bringen und will sie weiden auf den Bergen Israels, in den

Tälern und an allen Plätzen des Landes. Ich will sie auf die beste Weide führen, und auf den hohen Bergen in Israel sollen ihre Auen sein; da werden sie auf guten Auen lagern und fette Weide haben auf den Bergen Israels. Ich selbst will meine Schafe weiden, und ich will sie lagern lassen spricht Gott der HERR. Ich will das Verlorene wieder suchen und das Verirrte zurückbringen und das Verwundete verbinden und das Schwache stärken und, was fett und stark ist, behüten; ich will sie weiden, wie es recht ist.

Ja, ihr sollt meine Herde sein, die Herde meiner Weide, und ich will euer Gott sein, spricht Gott der HERR.

1

Es ist fast alles eine Frage der Perspektive.

Wie betrachte ich einen Sachverhalt? Schaue ich ihn durch eine rosarote Brille an? Betreibe ich Schönfärberei? Sehe ich durch eine schwarze Brille hindurch? Übe ich mich in Schwarzmalerei?
Betrachte ich etwas distanziert? Bemühe ich mich um eine objektive Perspektive? Übersehe ich einen Sachverhalt geflissentlich? Weiche ich mit meinem Blick aus? Ignoriere ich etwas einfach? Habe ich einen Tunnelblick auf ein Detail oder versuche ich das große Ganze im Blick zu behalten? Blicke ich auf etwas liebevoll oder Anteil nehmend? Oder berechnend und taxierend? Oder gar zynisch? Betrachte ich einen Sachverhalt aus der Perspektive: Was ist das Beste für das Gemeinwohl? Oder: Was ist das Beste für mein Wohl?

Es ist fast alles eine Frage der Perspektive.

Nahezu jede Perspektive ist in irgendeiner Art und Weise interessegeleitet. Eine neutrale Perspektive ist selten möglich. Und wenn, dann ist ein solches neutrales Betrachten häufig kalt und teilnahmslos. Teilnahmslose Menschen werden kaum geachtet und noch viel weniger geliebt. Wer möchte schon ein kalter Mensch sein?

2

Der Prophet Hesekiel ist weder kalt noch teilnahmslos. Er schaut hin und analysiert die verschiedenen Perspektiven klar und deutlich und sagt, was er bzw. was Gott von welcher Perspektive hält. Er wendet sich zunächst an die politisch, wirtschaftlich und religiös führende Schicht und sagt:

Ihr habt die völlig verkehrte Perspektive. Ihr kümmert euch in erster und in zweiter und in dritter Linie um euch selbst. Eurer Perspektive auf die Welt und die Wirklichkeit ist egozentrisch, ja egomanisch. Ihr seht einzig und allein nur auf euren Vorteil. "Das Schwache stärkt ihr nicht, und das Kranke heilt ihr nicht, das Verwundete verbindet ihr nicht, das

Verirrte holt ihr nicht zurück, und das Verlorene sucht ihr nicht; das Starke aber tretet ihr nieder mit Gewalt.

"Wehe Euch!" Ihr seid schon dem göttlichen Gericht verfallen: "Wehe den Hirten, die sich selbst weiden!" Wehe euch, die ihr die Herden ausweidet!"

Dabei handelt es sich bei dieser Intervention des Hesekiel nicht um einen pauschalen Angriff auf die Macht der Mächtigen. Machtgefälle wird es immer geben und das kann ja auch Sinn machen. Er wendet sich dagegen, dass diese Mächtigen ihre Macht nicht angemessen nutzen: nämlich zum Schutz und zur Stärkung, mit einem modernen Begriff formuliert: zum Empowerment der von dieser Macht abhängigen Menschen.

Das Auffällige an dieser Perspektive ist, dass diese Hirten nicht nur gegen die Lebensinteressen der Schwachen gerichtet sind. Sie sind auch gegen Reiche gerichtet: Das Starke aber tretet ihr nieder mit Gewalt. Diese Mächtigen schaden dem Ganzen - und damit auch sich selbst. Zynische Selbstbezogenheit, Verantwortungsvergessenheit, eine nur noch auf kurzfristige Bereicherung orientierte Wirtschaft bringt letztlich irgendwann das ganze soziale Gebäude zum Einsturz. Wo Profit die höchste Maxime ist, brechen die Sozialsysteme und Sozialstrukturen zusammen. Eine solche Perspektive führt über kurz oder lang ins Verderben. Für Hesekiel ist die Katastrophe schon eingetreten. Das Gericht ist schon da. Die hemmungslosen Profiteure der Macht leben schon jetzt in der "Hölle". Ihr Leben ist die "Hölle".

Die Möglichkeit, dass sie ihre Perspektive von selbst wechseln und begreifen: Gute Macht dient auch! Eigentum verpflichtet auch! zieht der Prophet gar nicht mehr ins Kalkül.

3

Gott spricht: Siehe, ich will mich meiner Herde selbst annehmen und sie suchen ... und ich will sie erretten von allen Orten, wohin sie zerstreut waren ... lch will sie aus allen Völkern herausführen und ... sammeln und will sie in ihr Land bringen und will sie weiden auf den Bergen Israels, in den Tälern und an allen Plätzen des Landes.

Gott sagt an, dass er selbst die Macht übernehmen will. Aus der Gerichtsansage wird unvermittelt eine Heilzusage. Die kommt nicht zufällig zu einem ganz bestimmten Moment. Im Blick auf Hesekiel und die von ihm konkret Angeredeten ist es die Situation nach dem Fall Jerusalems, nach dem Erlöschen des Tempelkultes und der Verschleppung großer Bevölkerungsteile ins Exil. Diese Wende kommt im Moment der tiefsten Krise.

Das ist nachvollziehbar. Ich vermute, die meisten von uns haben schon vergleichbares erlebt. Gleichgültig ob es die Krise einer Liebe, eine Beziehungskrise ist, ob es ein krisenhafter Krankheitsverlauf ist, ein Konflikt im Betrieb oder ein politischer Konflikt: Der Konflikt muss nüchtern betrachtet werden - mit einem klaren Blick. Das ist schmerzhaft. Das kann das Ende einer Beziehung bedeuten - das Ende einer Ehe, einer Freundschaft, einer Familie oder einer Arbeitsbeziehung. Aber die einzige Chance, die Verheißung liegt in der Klärung der Situation: Erst dann ist ein neuer Anfang möglich. Besserung kann erst erhofft, Hilfe erst angenommen, Segen erst wirksam werden, wenn den Problemen standgehalten, der Konflikt geklärt, der Punkt der tiefsten Tiefe angenommen und durchschritten ist.

Insofern ist Streit wichtig, sind offene Auseinandersetzungen und gegebenenfalls auch harte Diskussionen notwendig. Die Frage ist allerdings, wie der Streit geführt wird: hart in der Sache aber fair - oder unsachlich und selbstbezogen.

In unserer politischen Landschaft wird Streit oft wenig konstruktiv ausgetragen. Viel gesehene politische Fernsehdiskussionen sind weniger Diskussionen als Bühnen für politische Fensterreden. Jeder sagt das, was er sich vorgenommen hat zu sagen. Es entstehen so gut wie nie offene, konstruktive Auseinandersetzungen und Moderatorinnen fordern das auch selten wirklich ein.

Ein anderer Punkt ist: Wirtschaftliche Notwendigkeiten werden gegenwärtig oft von welcher Seite auch immer in einer argumentationsfreien Bestimmtheit vorgetragen. Die, die sie vortragen, fordern von allen Zuhörern alternativlose Einstimmung und - faktisch - Glauben an ihr Recht ein. Stichwortketten wie zum Beispiel Globalisierung, Verlagerung von Arbeitsplätzen ins Ausland, erforderliche Senkung der Lohnnebenkosten, oder einfach die Parole: Wir müssen sparen, fordern schlicht kritiklose Zustimmung.

Dem gegenüber stellt der Prophet die Wahrnehmungseinstellung scharf: Man muss auf die Lage
der Herde sehen, um die Wahrheit der Lebenswirklichkeit im Lande erkennen zu können. Der Name des Gottes, der sein Volk aus Knechtschaft und Unterdrückung befreien will, steht gegen einen fraglosen Geltungsanspruch wirtschaftspolitischer Notwendigkeiten und ihrer quasi religiösen Begründung. Vor allem, wenn sie die Lebensmöglichkeiten für eine große Anzahl von Menschen gefährden.

Es ist fast alles eine Frage der Perspektive.

Der Prophet rückt die göttliche Perspektive ins Zentrum.

Gott als Hirte fokussiert seinen Blick zu allererst auf die, die Schutz und Fürsorge brauchen. Er hat sicher nichts gegen Selbstverantwortung und Eigeninitiative. Aber es gibt Menschen, die brauchen in bestimmten Lebenslagen oder dauerhaft Schutz und Fürsorge. Dieser Blick auf die unverhüllte Wirklichkeit kann unangenehm und schmerzhaft sein.

Auch diesseits von Harz IV und Arbeitslosengeld 2 gibt es Menschen in Stuttgart, die mit Euro 790,- im Monat leben müssen. Man kann vom 14. Lebensjahr an arbeiten bis man Anfang 50 ist. Dann kann es passieren, dass der Betrieb Pleite geht und man arbeitslos wird. Ein Jahr später kommt eine schwere Krankheit dazu und man ist endgültig arbeitsunfähig. Dann muss man in dieser Stadt klarkommen mit Euro 790,- im Monat. Erstaunlicherweise geht das, obwohl von diesem Betrag alles bezahlt werden muss: Miete mit Nebenkosten, Krankenversicherung, Selbstbeteiligung, Telefon, Funk- und Fernsehgebühren und die Kosten für das Auto. Man kann davon leben. Harz IV und Arbeitslosengeld 2-Bezieher leben von noch weniger Geld. Sogar das kann man meistern. Nur: eine Teilnahme am öffentlichen sozialen und kulturellen Leben ist dann kaum noch möglich. Es ist dieser Hintergrund, vor dem die Entwicklungen bei Gehältern und Abfindungen von Spitzenmanagern und -funktionären erst ihre symbolische Brisanz bekommen.

Hesekiel argumentiert gegen solche Entwicklungen nicht moralisch. Er benennt, was er sieht und wendet dann seinen Blick sofort auf Positive. Er beschreibt im Folgenden nur noch das Handeln des guten Hirten.

4

Ich will das Verlorene wieder suchen und das Verirrte zurückbringen und das Verwundete verbinden und das Schwache stärken und, was fett und stark ist, behüten; ich will sie weiden, wie es recht ist.

Gott als Hirte - das ist ein Bild der Verlässlichkeit und des Vertrauens. Gottes Blick ist kein Blick von oben herab. Es ist die Perspektive von unten, die er einnimmt. Sein Blick ist parteilich und mitfühlend. Er ist fokussiert auf das Gegenüber. Er nimmt es wahr in seiner Individualität, in seiner Würde und Bedürftigkeit. Zugleich blickt er auf das Ganze: Uns wird nichts mangeln! Es ist genug für alle da!

Es ist fast alles eine Frage der Perspektive.

Im Neuen Testament erweist sich Jesus als guter Hirte, wo er Situationen missbilligt, in denen Menschen erniedrigt, ausgenutzt und ausgestoßen werden, und so konsequent für sie eintritt, dass es ihn das Leben kostet. "Der gute Hirte lässt sein Leben für die Schafe" (Johannes 10, 11). Sein Geschäft ist die Suche: Wo Hirten Zäune ziehen, den Standort sichern, Hunde und Herde hetzen, macht er sich auf und davon, steigt über die Hecken, verliert sich zu den Verlorenen, verirrt sich zu den Verirrten ins Gestrüpp. Geht durch die große Stadt am Fluss, durch den trüben Glanz der Paläste, durch die finsteren Gassen am Rand, stets auf der Suche nach den Einzelnen Fremden, Entfremdeten und Hungrigen nach Heil. Vielleicht, wer weiß, legt er sich ja zu den Betäubten, Verwirrten, Verängstigten ins dürre Gras. Auf bleibender Suche, bis zuletzt. Und darüber hinaus.

Die Verheißungspredigt des Hesekiel konnte weder damals noch kann sie heute eine reale Veränderung der Lage ankündigen. Aber sie kann unseren Blick schärfen und unsere Perspektive verändern. Sie kann eine Veränderung in unserem Lebensgefühl hervorbringen helfen und zum Empowerment von gestressten verunsicherten und real durch Verarmung bedrohten Menschen beitragen.

Ich will das Verlorene wieder suchen und das Verirrte zurückbringen und das Verwundete verbinden und das Schwache stärken und, was fett und stark ist, behüten; ich will sie weiden, wie es recht ist.

Gott ist mit seinem Schutz und mit seinem Trost da. Deshalb kann keine Macht der Welt mit ihren Verheißungen und Geboten die Herzen und Sinne von uns Menschen so besetzen, dass wir uns im Innersten davon verzaubern und ängstigen lassen müssen.

Demut? Respekt!

Betrachtung über 1. Petrus 5, 1-5

Die Ältesten unter euch ermahne ich, der Mitälteste und Zeuge der Leiden Christi, der ich auch teil habe an der Herrlichkeit, die offenbart werden soll: Weidet die Herde Gottes, die euch anbefohlen ist; achtet auf sie, nicht gezwungen, sondern freiwillig, wie es Gott gefällt; nicht um schändlichen Gewinns willen, sondern mit Hingabe; 3 nicht als solche, die herrschen über die Gemeinde, sondern als Vorbilder der Herde. So werdet ihr, wenn erscheinen wird der Erzhirte, die unvergängliche Krone der Herrlichkeit empfangen. Desgleichen ihr Jüngeren, ordnet euch den Ältesten unter. Alle aber miteinander haltet fest an der Demut; denn Gott widersteht den Hochmütigen, aber den Demütigen gibt er Gnade.

1

„Desgleichen ihr Jüngeren, ordnet euch den Ältesten unter.“

Menschen, die in der Stadt leben und öffentliche Verkehrsmittel nutzen, kennen die Erfahrung: Man sitzt mit einem Buch in der Straßenbahn und will in Ruhe lesen. An der Haltestelle geht die Türe auf, ein Jungmann steigt ein mit zwei weißen Stöpseln im Ohr, und von einem Moment auf den anderen badet man mit den anderen Insassen des Waggons in einem Klangmeer aus wummernden Bässen und harten Rhythmen.

Sich darin weiter auf sein Buch zu konzentrieren, fällt schwer, vor allem, wenn der Sitznachbar noch im Rhythmus mit den Füßen wippt, oder den Rhythmus mit den Fingern mitklopft. Da kann man abgründige Phantasien entwickeln, wie sich die Belästigung am besten abstellen ließe. Wenn man eine Melodie hören oder das Gesungene bzw. das Gerappte verstehen könnte! Aber außer Bässen und Rhythmen hört man nichts. Dabei wäre das, was man hier mithören könnte, gelegentlich durchaus kunstvoll und tiefsinnig.

2

„Alle aber miteinander haltet fest an der Demut; denn Gott widersteht den Hochmütigen, aber den Demütigen gibt er Gnade."

Die unter jungen Menschen weit verbreitete Kultur des Hip-Hop mit Graffitimalerei, Comics, akrobatischen Tanzformen und dem oft in rasendem Tempo über einen rhythmischen Klangteppich gesprochenen Raps entwickelte sich zu Beginn der 80-iger Jahre in den Schwarzen-Ghettos von Brooklyn. Es ist keine „gute Botschaft", kein „Evangelium", das „Grandmaster Flash and the Furious Five" in einem ersten großen Hit (1982) unter dem Titel „The Message" unter die Leute bringen. Es ist die wahre Botschaft vom Alltag im Ghetto. Grandmaster Flash beschreibt die Obdachlosen, die sich von Müll ernähren, die Junkies und die Huren, die alltägliche Gewalt auf der Straße, das vermüllte Umfeld und die verfallenden Häuser. Über das neugeborene Kind rappt er: „Gott lächelt über dir, aber ihn schüttelt's auch/ denn nur Gott weiß, was du alles durchmachen musst/ Du wirst im Ghetto aufwachsen und ein drittklassiges Leben führen/ Deine Augen werden ein Lied von tiefem Hass singen", denn dir steht die typische Biographie eines Ghetto-Kids bevor, mit Schulabbruch, Bewunderung für die Zocker, Diebe, Zuhälter und Dealer, die Kohle haben, und voraussichtlich wirst du versuchen, es ihnen nachzutun und im Knast landen und am Ende „singen deine Augen den traurigen, traurigen Song/ wie du so schnell gelebt hast und so früh gestorben bist." Der wiederkehrende Refrain gleicht einem Klagepsalm: „Schubs mich nicht, denn ich stehe dicht vor dem Abgrund/ Ich versuche, nicht meinen Kopf zu verlieren/ Manchmal ist es wie im Dschungel/ Ich frage mich, wie ich es schaffe, nicht unterzugehen." Das Video zum Song endet damit, dass ein Polizeiauto vorfährt. Polizisten springen heraus, nehmen die fünf dürren schwarzen Künstler ohne ersichtlichen Grund fest und karren sie weg.

„Alle aber miteinander haltet fest an der Demut; denn Gott widersteht den Hochmütigen, aber den Demütigen gibt er Gnade."

Tut Gott das? Er mag über dem Kinde lächeln, aber ihn schüttelt es auch angesichts eines Alltags für viele Menschen voller Ausgrenzung, Rassismus, Gewalt und

Perspektivlosigkeit. Die Hip-Hop-Kultur kreist unablässig um diese Themen, aber auch um die Suche nach Gerechtigkeit und Liebe. Unterschiedliche Künstler haben zu der Frage, wie man sich am besten wehrt, verschiedene Positionen. Nur in einem ist man sich einig: Die an Jesus und Gandhi orientierte Strategie der Gewaltlosigkeit Martin Luther Kings und der alten Bürgerrechtsbewegung ist gescheitert. Was hat sie denn gebracht, diese Strategie? Gott widersteht den Hochmütigen? Ach ja? Und den Demütigen gibt er Gnade? Zeig mir, wo!

Als Konsequenz daraus sagen die Einen: Veränderung gibt es nur durch militanten Widerstand. Gewaltloser Widerstand? Das funktionierte nur, wenn die, die uns unterdrücken, sich dadurch zu Mitgefühl bewegen ließen. Dafür müssten sie ein Gewissen haben. Aber haben die das? Wir fordern Respekt! Jetzt! Und Gerechtigkeit! Heute! Das erfordert einen radikalen Wandel im Gesellschafts- und Wirtschaftssystem. Aber auch die Gewalt unter uns selbst im Ghetto muss aufhören! Sofort! - Die Anderen, die sogenannten „Gangsta-Rapper", propagieren etwas anderes: Lasst uns Kohle scheffeln, so viel wie möglich, und wenn es mit kriminellen Methoden geht. Ihre Texte und ihre Kostümierungen mit Statussymbolen wie dicken Goldketten und großen Schlitten erscheinen einem wie die groteske Überzeichnung der typischen weißen neoliberalen Haltungen und Werte. Ganz unplausibel ist das nicht. Für Unterprivilegierte bedeutet Besitz Freiheit. Der Berliner Rapper Bushido, ein Migrantenkind aus dem Ghetto von Neukölln, rappt, seit er mit seiner Musik viel Geld verdient: „Immer kalkulieren: Was kann ich bei Lidl kaufen?/ Heut' könnt' ich mir einen ganzen Lidl kaufen!/ Hast du was, bist du was." Von wem er das wohl gelernt hat?

3

Ich kenne viele Eltern, die angewidert die Stirn runzeln, wenn sie über die musikalischen Präferenzen ihrer Kinder sprechen. Fachleute wundern sich, warum ausgerechnet weiße Mittelschichtskinder Ghetto-Musik hören. Ich vermute, darauf gibt es eine einfache Antwort. In dieser Musik geht es um Themen, die für jeden Heranwachsenden elementar sind: um Selbstbehauptung im Alltag und Selbstbewusstsein in den Auseinandersetzungen des Lebens. Es geht um Respekt! Um Anerkennung. Um gerechte Lebensverhältnisse, die Chancen eröffnen, ein selbstbestimmtes Leben zu führen.

Der Film „8 Mile" zeigt eine Welt, die uns fern ist und verschlossen scheint, aber die doch zu unserer Welt gehört. Dargestellt werden darin sogenannte „battles". Das sind ritualisierte Wettkämpfe, in denen die Aggression weißer und schwarzer Jugendlicher nicht durch körperliche Gewalt, sondern durch Redeschlachten über elektronisch generierten Rhythmen kanalisiert wird. Der so verehrte wie verhasste weiße Rapper Eminem verkörpert Rabbit (Kaninchen) und spielt dabei Teile seiner eigenen Biographie nach. Rabbit muss eine Niederlage nach der anderen einstecken. Er lebt mit seiner Mutter und der kleinen Schwester in einem Wohnwagen in einer Obdachlosensiedlung am Rande von Detroit auf der falschen Seite der „8 Mile", einer Straße, die die weißen von den schwarzen Vierteln trennt. Seine Freundin betrügt ihn. Am Arbeitsplatz in der Autofabrik wird er schikaniert. Seine schwarz-weiße Clique wird von anderen gedemütigt. Er selbst gilt zwar als genialer Rapper, aber in entscheidenden Situationen versagen ihm die Nerven. Er gerät ins Stocken und kommt nicht in den „Flow", den weitgehend selbstvergessenen Redefluss, der die besten Ergebnisse in diesen rituellen Schimpfduellen erzielen hilft. Im Finale eines Wettbewerbs tritt er gegen den schwarzen Cliquenführer Papa Doc an. Im Verlaufe seines Redeflusses beschimpft er nicht wie zu erwarten gewesen wäre, den Gegner, sondern er benennt seine eigenen Schwachpunkte, zeigt auf seine Wunden und resümiert: „I'm a piece of fucking white trash. I say it proudly." („Ich bin ein Stück beschissener weißer Müll. Ich sage es mit Stolz.") Anschließend übergibt er das Mikrofon seinem Gegner und stellt ihm die Aufgabe: „Sag diesen Leuten etwas, was sie noch nicht über mich wissen." Der gibt ihm stumm das Mikrofon zurück.

Jugendliche, die sich mit Eminem alias Rabbit identifizieren, durchleben mit ihm eine Katharsis, an deren Ende sie begreifen: Ich bin, was ich bin! Und ich bin stolz darauf! Rabbit fährt hier eine Art „Christusstrategie". Zu erwarten wäre gewesen, dass er sich aufgeblasen und den Gegner verbal niedergemacht hätte. Aber die Extremsituation im Finale des Wettbewerbs führt zu einer Identifikation mit den eigenen Makeln, mit der eigenen Gebrochenheit, und die macht ihn paradoxerweise zum Gewinner. Der Jugendliche Rabbit, der in der Lage ist, seine Wunden zu zeigen, erliegt ihnen nicht. Er erlangt das, was jedes Kind, jeder Jugendliche, jeder Erwachsene braucht, um sich im alltäglichen Lebenskampf zu behaupten: positiven Stolz, Selbst-Souveränität, das Selbstbewusstsein, zu sich selbst zu stehen. Rabbit zeigt eine Art aggressive Demut, die keine falsche Demut ist, die Menschen unten hält, sie kuschen und notwendige Konflikte vermeiden lässt. Reibung, Streit, Abgrenzung, ein gewisses Quantum an Aggressivität und damit auch mögliche (Selbst)Verletzungen sind notwendig für die Entwicklung einer Person zur Persönlichkeit die weiß, welche Werte ihr wichtig sind. Für Eltern, Pädagogen und andere Erwachsene ist das manchmal schwer auszuhalten. Aber man sollte Heranwachsende nicht entmutigen und zu falscher Demut nötigen, vor allem nicht, wenn sie aus unterprivilegierten Schichten stammen.

und wenn sie meinen du stehst nie wieder auf, dann lass sie reden junge
zeig ihnen das ist dein traum, du wirst ihn leben

und beweist diesen leuten die niemals an dich geglaubt haben
das was sie haben, kannst du auch haben
denn wenn sie meinen du hast hier nix verloren
dann zeig es ihnen, zeig es allen, keiner hält dich mehr auf
komm lass dich fallen, heb den kopf und blick einfach nach vorn
und jetzt versuchs, ich sag versuchs, alles wird gut (Bushido).

Manchen Schülern schadet es sicher nicht, wenn sie so etwas auf dem Schulweg zu hören.

4

„Gott widersteht den Hochmütigen, aber den Demütigen gibt er Gnade."

Demut muss man sich leisten können. Man kann als saturierter Mittelschichtler natürlich mit dem Finger z.B. auf den „bösen" Bushido aus dem Neuköllner Migranten-Ghetto zeigen. Aber man kann auch „demütig" den Blick auf die Zusammenhänge unseres gesellschaftlichen Systems wenden, die sich in den Texten dieser Rapper spiegeln. Im Predigttext wird Demut übrigens zuerst und vor allem von den Gemeindeleitenden gefordert, also von den Lebenserfahrenen, die für andere Verantwortung tragen. Von ihnen wird ein demütiger Blick auf „die da" um sie gefordert.

Demut muss man sich leisten können. Das hat etwas mit dem sozialen Status und dem Lebensalter zu tun. Thomas D., Mitglied der „Fantastischen Vier", einer Gruppe Stuttgarter Mittelschichtskinder, die in der Szene lange als Spaß-Hip-Hopper verspottet wurden, rappt nach 25 Jahren im Geschäft als älterer, lebenserfahrener Familienvater:

Knie nieder, Nichts, und danke der Welt
dass sie dir ein zu Hause gibt und dich am Leben hält...
Du hast die Wahl ob hier das Paradies oder die Hölle ist
denn Du bist Schöpfer deiner Welt obwohl du Teil von ihr bist ...
Du willst ein Held sein, dann tritt für die Welt ein
und lass die Liebe wieder Spiegel deines Selbst sein
es ist deines Lebens Ziel dass du es auch liebst
und du gewinnst dein Ego spielend wenn du Es aufgibst
Du hast dir Liebe geschworen und hast dazu den Mut
dann wirst du neu geboren durch Lektionen in Demut.

Neu geboren durch Lektionen in Demut – dazu gehören Erfahrungen mit den Grenzen der eigenen Fähigkeiten, durchgestandene Konfrontationen mit der eigenen

Zerbrechlichkeit und Sterblichkeit und die Entwicklung eines Rückgrats, das es einem ermöglicht, zu eigenen Fehlern zu stehen. Neu geboren durch Lektionen in Demut kann man sein Ego zurücknehmen und mehr Sorge tragen für sein Umfeld, mehr Verantwortung übernehmen und zu einer Demut finden, die in Hingabe übergeht. Die Bessergestellten in unserer Gesellschaft, die Thomas D. als Zielgruppe im Blick hat sind für diese „Botschaft“ keine schlechte Adresse. Denn Demut hat unter ihnen zurzeit gewiss keine Hochkonjunktur.

5

„So werdet ihr, wenn erscheinen wird der Erzhirte, die unvergängliche Krone der Herrlichkeit empfangen.“

Eine Demut, die aus Lebens- und Glaubenserfahrung gespeist ist, beruht auf der Erkenntnis: Alle innerweltlichen Spannungen, sämtliche Ungerechtigkeiten und Konflikte werden wir niemals mit unserem menschlichen Vermögen lösen können. Schon gar nicht durch Gewalt. Aber diese Erkenntnis ist kein Grund, umfassende Erlösung nicht zu erwarten und darauf nicht zu hoffen. Wenn sie geschieht, dann durch den Einbruch einer überweltlichen Macht in unsere Wirklichkeit, die wir Gott nennen. In der Hip-Hop-Kultur taucht häufig der Begriff „One Love“, die „Eine Liebe“ auf: als Sehnsuchtsziel, als Hoffnungshorizont, als „Spiegel seines Selbst“ und manchmal auch einfach als Grußformel im Alltag. „Alles was ich will ist Friede und Liebe auf diesem Planeten (und ist das nicht das, wie Gott es geplant hat?)“ – rappt eine der militantesten schwarzen Gruppen, Public Enemy. Hier geht es um die „Eine Liebe“, die nicht aufgeht in einer privaten spirituellen Erfahrung des Glaubenden. Sie wird auch nicht nur erfahrbar im wie immer vorstellbaren Eingehen des Glaubenden in Gottes Liebe nach dem Tod. Gemeint ist die Einheit aller Menschen vor Gott, die eine große, alle Rassen und Generationen genauso wie Lebende und Tote verbindende und umschließende Liebe. Liebe als soziale Erfahrung. Liebe, die alle und alles erlösen kann und erlösen wird. In einem Lied des jamaikanischen Sängers Bob Marley („One Love“), das für viele Rapper große Bedeutung hat, heißt es sinngemäß, fast wie im Predigttext: Wenn Er, „The Man“ (der Mann /der Menschensohn/ der Messias) kommt, dann kommt es nicht zur gewalttätigen Vernichtung der Bösen als Voraussetzung für die Heraufführung eines 1000-jährigen Friedensreiches. Sondern alles wird auf wunderbare Weise, wie es im Anfang war: „Eine Liebe. Wie am Anfang, so wird es auch am Ende sein.“ Man muss das immer wieder sagen, singen und hören. Denn in der Aufführung solcher alter und neuer Texte, im Nachsprechen und Nachhören, in der (rhythmischen) Wiederholung über welchen „beats“ auch immer entfaltet sich für diejenigen, die aufmerksam sind, bereits jetzt etwas von der Macht und der Kraft dieser Liebe.

„Gott will, dass wir Kekse essen."

Betrachtung über Römer 8, 18-27

1. Vergänglichkeit

Denn ich bin überzeugt, dass dieser Zeit Leiden nicht ins Gewicht fallen gegenüber der Herrlichkeit die an uns offenbart werden soll. Denn das ängstliche Harren der Kreatur wartet darauf, dass die Söhne Gottes offenbar werden. Die Schöpfung ist ja unterworfen der Vergänglichkeit – ohne ihren Willen, sondern durch den, der sie unterworfen hat –, doch auf Hoffnung; denn auch die Schöpfung wird frei werden von der Knechtschaft der Vergänglichkeit zu der herrlichen Freiheit der Kinder Gottes. Denn wir wissen, dass die ganze Schöpfung bis zu diesem Augenblick mit uns seufzt und sich ängstet.

Er lag im Bett und schaute aus dem Fenster. Die Aussicht vom vierten Stockwerk der Klinik war großartig. Man sah über die Stadt und weit darüber hinaus auf die hinter dem Stadtrand sich erhebenden Hügel. Draußen war es eiskalt. Die Landschaft war bedeckt von Schnee und der Wind pfiff um das Gebäude. In seinen Ohren klang das, als jammere die Natur über die Kälte und das Eis, mit dem sie überzogen war, als klage sie über die erfrorene Vegetation. Auch er fror. Es schüttelte ihn vor Kälte. Das Fieber wollte nicht sinken. Eingehüllt in eine dicke Decke lag er im überheizten Krankenhauszimmer und fror. Während er auf die verschneite Stadt blickte, schwirrte ihm eine Liedzeile durch den Kopf: "I can scarcely move/ Or draw my breath/ Let me, let me/ Freeze again/ Let me, let me/ Freeze again to death." (Ich kann mich kaum bewegen. Lass mich, lass mich wieder erfrieren. Lass mich, lass mich wieder zu Tode erfrieren.) Nicht nur der Text, auch die stakkatoartige Melodie und Orchesterbegleitung dieses Liedes von Henry Purcell konnte er im Geiste hören. Sie drückten aus, was er fühlte und wonach ihm war. Ob Purcell, als er das Lied schrieb, geahnt hatte, dass die Schwindsucht ihn schon mit vierunddreißig Jahren erkalten und dahin raffen würde? fragte er sich. Oder ob der schrille Sänger Klaus Nomi daran dachte, der mit diesem Lied Anfang der achtziger Jahre berühmt geworden war und kurze Zeit später, exakt im selben Alter wie der Komponist, durch Aids ums Leben gebracht wurde? Das weiß geschminkte Gesicht des Sängers aus dem Video zum Lied erschien vor seinem inneren Auge und es verschmolz mit dem Gesicht des Todes aus einer Aufführung von Hugo von Hofmansthals „Jedermann", den er vor Jahren in Salzburg gesehen hatte. Er versuchte die Bilder wegzuschicken und öffnete wieder die Augen, die ihm zugefallen waren. Die Gesichter verschwanden, dafür drangen wieder diese unbeschreiblichen körperlichen Schmerzen in sein Bewusstsein.

Ein Satz Jesu kam ihm in den Sinn, sein Ausspruch am Kreuz aus dem Lukasevangelium: „In deine Hände befehle ich meinen Geist.“ „Was für eine Kopfgeburt ist dieser Satz“, dachte er. „Reine Literatur. Was ist der Geist schon ohne den Leib? Der lebendige Jesus hat wenn, dann sicherlich gesagt: ‚In deine Hände befehle ich meinen Leib‘. In deine Hände befehle ich meinen schmerzenden, zerfallenden Körper, aus dem der Geist schon fast entwichen ist. Ohne Körper gibt es weder Geist noch Seele. Ohne Körper ist Tod.“ Sein körperlicher Zustand verschlechterte sich von Tag zu Tag, er schwand dahin und fühlte entweder, dass er vor Schmerzen zerschmolz oder dass er, wenn er sich Schmerzmittel geben ließ, in ein halbbewusstes Dahindämmern versank. Was ihn in seinen lichten Momenten beschäftigte war, dass er keine Kraft mehr hatte, sich gegen den Zerfall zu stemmen. Die Energie, um sein Leben zu kämpfen, war ihm entschwunden. „Lebensmüde“, dachte er. „Lebensmüde, das sagt man oft so daher: ‚Der oder die ist lebensmüde.‘ Das klingt dann etwas herablassend oder leicht moralisierend. ‚Der oder die hat nicht genügend Power, um sich im normalen Lebenskampf zu behaupten.‘ Dabei ist es etwas ganz anderes. Ich bin lebensmüde heißt: ‚Mir entweicht meine Lebenskraft, mir entgleiten Körper und Geist und ich kann nichts dagegen tun, nur mich darein ergeben‘.“ Er richtete sich auf und blickte wieder aus dem Fenster. „Komisch“, dachte er, „dass mir die Gesichter meiner Toten jetzt ständig präsent sind.“ Das lachende Gesicht seiner Freundin Lisa, der Mathematikerin, die beruflich so rational und privat so wunderbar verrückt sein konnte, war das erste. Darüber schob sich das verträumte Gesicht seiner Freundin Emma, die Schauspielerin gewesen war. Beide hatte in ihren besten Jahren der Krebs dahin gerafft. Die Gesichter der verstorbenen Eltern erschienen und das seines Freundes Marko, der, wie es hieß, an einer nicht mehr beherrschbaren Infektion gestorben war. „Alles verschwindet”, dachte er. „Alles. Vor allem das Glück – immer verschwindet es. Es ist so frustrierend, dass nur der Verlust uns die Beweise des gelebten Lebens gibt. Kaum wird das Glück erfahren, schon ist weg. Die meiste Zeit über ist das Leben nichts als Anstrengung und Kampf, ein Fressen und Gefressen werden.“ Wieder waren ihm die Augen zugefallen und es erschienen ihm in seinem mit Medikamenten vernebelten Halbbewusstsein alptraumhafte Bilder aus einem Film, den er im Bus bei einer Fahrt durch den australischen Kakadu-Nationalpark gesehen hatte. Es war die gnadenlos realistische Darstellung der Nahrungskette in dieser Gegend: Ein kleines Tier fraß ein winziges, bevor es von einem größeren gefressen wurde bevor das von einem größeren gefressen wurde und so weiter. Am Ende verschlang ein Krokodil ein Känguru und der Mensch erschoss das Krokodil. Spätestens in dem Moment inmitten dieser wilden Natur waren ihm alle romantischen Vorstellungen von unverfälschter Natur als Paradies als Illusion bewusst geworden. „Alles stirbt“ dachte er. “Und jetzt auch ich?“ Er war ganz ruhig in diesem Augenblick und bei vollem Bewusstsein. „Der Tod, wenn er denn jetzt käme – wäre das nicht Erlösung?“ Am Tag zuvor war er kollabiert, als er einige Schritte aus seinem Bett heraus gewagt hatte, und dieses Versinken in Bewusstlosigkeit war gar nicht unangenehm gewesen.

2. Hoffnung

Nicht allein aber sie, sondern auch wir selbst, die wir den Geist als Erstlingsgabe haben, seufzen in uns selbst und sehnen uns nach der Kindschaft, der Erlösung unseres Leibes. Denn wir sind zwar gerettet, doch auf Hoffnung. Die Hoffnung aber, die man sieht, ist nicht Hoffnung; denn wie kann man auf das hoffen, was man sieht? Wenn wir aber auf das hoffen, was wir nicht sehen, so warten wir darauf in Geduld.

Es schien, als sei für einen Tag Mitten im Winter der Frühling angebrochen. Drei Wochen später saß er eingepackt in eine dicke Jacke und mit Mütze auf der Dachterrasse der Klinik. Der leichte Wind war kühl, aber die Sonne wärmte und es zog ihn an die Sonne. Die Schmerzen hatten nachgelassen und er hatte inzwischen wieder so viel Kraft, dass er kurze Wege gehen konnte. „Jetzt wissen wir endlich, was es ist“, hatte der Arzt gesagt. „Die Diagnose ist nicht schön. Aber jetzt können wir das wenigstens effektiv behandeln. Es wird nicht mehr werden wie zuvor, aber es wird wieder.“ Der Arzt versprühte Optimismus. „Wird es wieder? Was wird? Wie wird es? Und wann?“ „Es wird dauern“, meinte der Arzt. „Sie brauchen Geduld. Und es kann Rückschläge geben. Aber die Prognose ist nicht schlecht.“

„Es ist wie es ist“, dachte er jetzt. „Und es wird, wie es wird. Alles scheint möglich. Gut - fast alles. Es ist doch nicht das Ende. Noch nicht. Das Leiden war nicht alles. Auch wenn ich in dieser totalen Schwäche den Tod angenommen hätte, wenn er gekommen wäre.“ Er wand sein Gesicht zur Sonne. Eine andere Patientin, die neben ihm am Geländer lehnte, drehte sich um und lächelte ihn an. „Es ist schön hier.“

„Weißt du“, sagte er später zu einem Freund, der zu Besuch gekommen war und über dessen gelegentlichen hypochondrischen Anwandlungen er sich lustig zu machen pflegte. „Weißt du, wenn es dir so dreckig geht wie es mir ging, da siehst du plötzlich in völliger Klarheit, was ist: Das Leben ist endlich. Du bist zerbrechlich. Du wirst vergehen. Und der Tod ist nicht nur schrecklich, er hat auch etwas Gütiges und kann Erlösung sein.“ „Jetzt hör auf, vom Tod zu reden.“ Der Freund mochte das Thema gar nicht. „Du siehst schon wieder viel besser aus. Das wird wieder.“ „Mir ist diese Klarheit wichtig. Jetzt fürchte ich den Tod lange nicht mehr so wie früher. Wenn er kommt, dann kommt er. Gott sei Dank: das Leiden dauert nicht endlos. Das Leiden ist nicht das Ende. Es ist niemals das Ende.“

Später erzählte er von dem, was war und von dem, was er verpasst hatte, über die verlorene Zukunft und die nicht erfüllte Vergangenheit. „Ich weiß nicht, was wird", sagte er. „Ich weiß nur: es wird." „Es wird anders", meinte der Freund. „Du musst die verlorene Zukunft und die nicht erfüllte Vergangenheit abstreifen. Es ist, wie es ist. Und es wird, wie es wird. Es gibt Grund zur Hoffnung. Und wie heißt es so schön? Hat man Hoffnung, macht man damit Erfahrungen. Hoffnungsvolle Erfahrungen. Hoffentlich", sagte er und lachte. „Mag sein. Im Moment ist mir die Klarheit wichtig. Auch die Klarheit darüber, was ich nicht mehr brauche und was ich nicht mehr will. Ich will keinen idiotischen Ehrgeiz mehr haben und auf Teufel komm raus dieses Projekt durchziehen oder jenes Ziel noch übertreffen. Wenn ich an all die Schlachten und Konflikte und Anstrengungen in den letzten Jahren denke, dann frage ich mich: Wofür das alles?" Der Freund grinste ihn an. „Du wolltest es nicht anders." „Ich weiß. Aber jetzt will ich Anderes." „Verstehe", sagte der Freund und lachte. „Du willst wieder etwas. Es geht aufwärts."

3. Freiheit

Desgleichen hilft auch der Geist unsrer Schwachheit auf. Denn wir wissen nicht, was wir beten sollen, wie sich's gebührt; sondern der Geist selbst vertritt uns mit unaussprechlichem Seufzen. Der aber die Herzen erforscht, der weiß, worauf der Sinn des Geistes gerichtet ist; denn er vertritt die Heiligen, wie es Gott gefällt.

Der Schnee war geschmolzen. Es war Frühling geworden. Er spürte den lauen Wind im Gesicht und schaute hinaus zum blauen Himmel. Der Fußweg führte durch eine Wiese hindurch den Hügel hoch zu einem Aussichtspunkt. Noch lag Tau auf dem Gras an diesem späten Vormittag. Der feuchte Geruch stieg ihm in die Nase. Die Wiese war übersät mit blühenden Margeriten. Am Wegrand leuchteten kleine blaue Blumen, deren Namen er vergessen hatte. Der Hügel war fast zu steil für ihn, er war noch geschwächt und musste langsam gehen. Die Aussicht über die sonnenüberstrahlte Stadt unter dem milchig blauen Himmel machte ihn leicht benommen. Oben angekommen setzte er sich auf eine Bank und schnappte nach Luft. Auf der Wiese gegenüber sprang ein großer brauner Hund durch das hohe Gras. Eine Frau versuchte ihn zu trainieren. Immer wieder warf sie einen Stock weg und versuchte den Hund dazu zu bringen, ihn ihr zu holen und ihn dann, wenn sie ihn in der Hand hielt, loszulassen und sich nicht daran festzubeißen. Der junge Hund schwänzelte um sie herum und schien vor Energie fast zu platzen. Er atmete tief ein und nahm die Gerüche war, schaute in die Weite und beobachtete die Menschen ringsum und staunte. „Das ist das Leben", dachte er, „und ich bin ein Teil davon."

„Dieses Mal standen Sie wirklich an der Kante“, hatte der Arzt, der ihn lange kannte, bei der Entlassung aus der Klinik zu ihm gesagt. Die Therapie hatte begonnen zu wirken. Nach und nach kehrte die Kraft zurück und die Schmerzen ließen nach. „Die Wende“, dachte er jetzt, „die Wende geschieht dann, wenn du nicht mehr damit rechnest, am äußersten Punkt. Sie geschieht einfach. Man kann das nicht machen. Die Ärzte tun was sie können. Aber auch sie können es letztlich nicht machen. Wenn es geschieht, geschieht es. Was da geschieht ist kaum erklärbar und noch weniger begreifbar. Es ist die Rückkehr in die Freiheit. Es ist geschenkte Freiheit in geschenkter Zeit. “

Normalität verspürte er erstmals Wochen später im Urlaub am Meer an der Stelle wo der Vollzug des Lebens am elementarsten war. Monatelang war das Essen eine Qual gewesen. „Sie müssen essen.“ „Du musst essen.“ Er konnte diesen Satz nicht mehr hören. Der Körper wehrte sich gegen das Essen. Langsam löste sich die Qual und überraschend verspürte er an einem ganz bestimmten Restaurant am Meer wieder die altbekannte Lust. Wie früher konnte er sich auf kulinarische Entdeckungsreisen begeben. Wenn er jetzt einen Schluck Wein trank rebellierte nicht mehr wie in den Monaten zuvor sein Geschmackssinn dagegen. Mit der Lust am Essen und Trinken war auch wieder möglich was ihm immer wichtig war: das gemeinsamen Essens und Trinkens mit Freunden. „Willkommen zurück im Leben“ sagte eine Freundin, als sie mit ihm anstieß: „Auf deine Auferstehung!“

Eine der für ihn seltsamsten Erfahrungen während der Krankheit war, dass er keine Musik ertragen konnte. Das verwunderte ihn, denn bis dahin war es vor allem die Musik Johann Sebastian Bachs, die ihn durch alle möglichen Lebenskrisen getragen hatte. Bachs Motetten wie „Der Geist hilft unserer Schwachheit auf“ oder „Singet dem Herrn ein neues Lied“ oder auch die Goldberg-Variationen hatten immer wie Medizin gegen Stress und Niedergeschlagenheit gewirkt. Aber in dieser Phase funktionierte das nicht. Er konnte überhaupt keine Musik mehr aushalten. Ungefähr zwei Monate nach der Entlassung aus der Klinik sinnierte er tagelang, ob er sich den Besuch des Konzertes der rumänischen Zigeuner-Band Fanfare Ciocărlia zumuten konnte. Als er schließlich inmitten des tanzenden Publikums stand, und wie alle anderen von der schnellen, pulsierenden Musik mitgerissen wurde, wusste er, warum er gekommen war. Die Musiker schöpften aus der jahrhundertealten Tradition ihres Volkes, variierten sie mit Funk- und Jazzelementen aus der Gegenwart und gingen beim Spielen ganz auf im Hier und Jetzt. Als er beobachtete, wie der wohl auf die 70 Jahre zugehende Trompeter seinen etwas zu kleinen Hut aufsetzte, sein Hemd glatt strich und die Hose am Bund nach oben zog, bevor zum Mikrofon trat, um ein Lied zu singen, dachte er: „Wo haben wir so etwas? Ihre Musik ist ihr Leben. Sie spielen es in völliger Selbstvergessenheit und voller Selbstbewusstsein, laut und wild, virtuos und mit frappanter Leichtigkeit. Das ist es, was sich auf dich überträgt, der Geist des Lebens, der dich erfüllt, ganz körperlich durch Klänge und Rhythmen, durch seine ‚vibrations', der dich mit sich reißt in einem Energiefluss, der in einen Strom führt, der der Strom des Lebens ist."

Am darauf folgenden Morgen schlug er beim Frühstück die Zeitung auf und sein Blick blieb an einem Bild des voluminösen schwarzen Soul-Sängers Solomon Burke hängen. Von ihm wusste er, dass er nicht nur Sänger, sondern auch Bischof irgendeiner exzentrischen amerikanischen Kirche war. Unter dem Bild stand ein Nachruf, denn Solomon Burke war einige Tage zuvor gestorben. Er las die Todesnachricht und als er darin ein Zitat des Verstorbenen las, musste er lachen. In einem Interview kurz vor seinem Tod war Burke gar nicht auf die Frage des Journalisten nach seinen Vorstellungen von einem jenseitigen Leben angesichts der sichtbaren Grenzen seines irdischen Lebens eingegangen und hatte gesagt: „Gott will, dass wir Kekse essen, die Rosen riechen, die Musik genießen, bevor es zu spät ist." „Amen", dachte er. „Ja, so ist es."

„Jauchzet Gott in allen Landen!"

Betrachtung über Jesaja 12, 1-6

1

Zu der Zeit wirst du sagen: Ich danke dir, HERR, dass du bist zornig gewesen über mich und dein Zorn sich gewendet hat und du mich tröstest. Siehe, Gott ist mein Heil, ich bin sicher und fürchte mich nicht; denn Gott der HERR ist meine Stärke und mein Psalm und ist mein Heil.

„Merkwürdige Koinzidenz", dachte Nik, als er entlang der Riva zurück zu seinem Apartment ging. Rechts unter ihm plätscherte das Meer gegen die Kaimauer. Die Nacht war klar und warm. Am Mittag war er auf der Insel angekommen. Er erkannte sich in den Gefühlen der alten Dame, von der er sich soeben verabschiedet hatte, wieder. Sie hatte sich im Café an den Nebentisch gesetzt und auffällig auf das deutschsprachiges Buch geschaut, das vor ihm auf dem Tisch lag, bevor sie ihn schließlich ansprach. Sie erzählte, dass sie seit dreißig Jahren zusammen mit ihrem

Mann fast jeden Sommer auf diese Insel gekommen war bis dieser vor anderthalb Jahren starb. Jetzt war sie alleine hier. Auch Nik war einige Male hier gewesen mit seinem Partner, als er noch lebte. Als er nach einer langen Phase der Trauer zurück ins Leben zu finden schien erwischte ihn ein Herzinfarkt. Nach langer Rekonvaleszenz ging es ihm endlich besser. Kaum fühlte er sich wieder in der Lage, alleine zu reisen, zog es ihn auf diese Insel. „Merkwürdige Koinzidenz", dachte er jetzt. „Dir stirbt der Partner, dir entgleitet fast dein Leben und du kommst alleine hierher zurück, an diesen Ort, an dem ihr glücklich wart, als könntest du hier vergessene und noch herumliegende Brocken des vergangenen Glücks auflesen und einsammeln." Im Moment fühlte er sich wie schwebend in einem Zwischenstadium. Es ging ihm gut. Eine gewisse Erschöpfung von dem, was war, wirkte noch nach. Aber zugleich empfand er eine kaum je gekannte Freiheit und verschwendete keinen Gedanken an seine Zukunft.

Am darauffolgenden Morgen war er bereits um sechs Uhr auf den Beinen. Nik hielt den Kopf unter kaltes Wasser, zog sich an und ging Richtung Hafen, um dort unter Einheimischen im Café zu frühstücken. Die wenigen meist älteren Frauen und Männern, denen er unterwegs begegnete, grüßte er. Alle grüßten zurück, die meisten lächelten. Der Ort lag noch im Schatten, aber das Meer im Hintergrund wurde schon von der Sonne beleuchtet, die sich langsam über den Hügel schob, über den sich die Altstadt ausgebreitet hatte. Viel intensiver als früher nahm er den Ort jetzt wahr. Er war überrascht, wie vielen Katzen er begegnete. In der Bäckerei an der Piazza vor dem Hafen kaufte er sich ein Croissant und die aktuellste Ausgabe der Lokalzeitung und setzte sich an einen Tisch vor eine Bar, wo bereits einige alte Männer saßen. Nachdem er die Zeitung durchgeblättert hatte, aß er das Croissant, bestellte eine zweite Tasse Kaffee und blickte über die Fischerboote am Hafen hinaus auf das Meer. Er sog den leicht brackigen Geruch des Wassers ein und spürte die Wärme der Sonne auf dem Gesicht und das sanfte Wehen des Windes vom offenen Meer her.

Mit jedem Tag auf der Insel fiel ihm das Nichtstun leichter. Am Strand lag er abwechselnd in der Sonne und im Schatten, schloss die Augen, döste oder ließ sie halb geöffnet und verweilte in einer Haltung entspannter Aufmerksamkeit. Unter dem milchigen Blau des Himmels überfluteten die klaren Farben seine Augen: das Blau des Wassers, das tiefer und dunkler wurde, je weiter es vom Ufer entfernt war, das kräftige Grün der Bäume und Büsche, der sich Richtung Inselinnerem verdichtenden Macchia, das grelle Weiß der Felsen und Steine, die die Sonnenstrahlen reflektierten und das erdige Rot des ausgetrockneten Bodens. Konzentrierte er seinen Blick auf das Wasser, dann nahm er die Lichteffekte wahr, die auf der Wasseroberfläche spielten. Leichte Wellen rollten ans Ufer und schlugen schaumig-weiß gegen die

Felsen, während sie sich auf dem offenen Meer nur durch den schillernden Glanz ihrer sonnenbeschienenen Seite abhoben. Am Himmel schoben sich oder flogen je nach Windstärke kleine weiße Wölkchen vorüber. Weit entfernt zogen Möwen ihre Kreise. Sie ließen sich vom Wind treiben, scheinbar ziellos, einzeln oder zu mehreren. Gelegentlich beobachtete er, wie eine Möwe unvermittelt hinab ins Wasser stieß und mit etwas Glück einen Fisch herauszog und damit weg flog. Der Blick über das offene Meer unter dem fast leeren Himmel löste in ihm einen leichten Schwindel aus, eine Empfindung der Grenzenlosigkeit und der Leere, die ihn erschütterte, ihm aber zugleich auch ein Gefühl des Geborgenseins in der Weite gab.

Mit geschlossenen Augen ließ er die Geräusche, die an sein Ohr drangen, in sich hinein und durch sich hindurch fließen. Schwache Wellen plätscherten und gluckerten, wenn das Wasser am Strand auslief oder in die Spalten der Felsküste gespült wurde. Dieses Grundgeräusch wurde überlagert von den Zikaden, die in unterschiedlicher Lautstärke und Tonlage aus den Büschen und Pinien konzertierten. Gelegentlich rissen starke Bootsmotoren diesen Soundteppich auf. Leise, gleichmäßig tuckernde Motoren der kleinen Fischerboote, die während der Fahrt in gleichförmigem Rhythmus auf die Wellten klatschten, näherten und entfernten sich wieder. Je heißer die Luft, desto lustvoller war es, ins Wasser einzutauchen. Stehend im Seichten beobachtete er die Fische, die um ihn herumschwammen, in ihrem stummen Tanz. In der tiefen Bläue, angestrahlt von der Sonne, schillerten sie in allen Farben des Regenbogens. Schwamm er weiter hinaus und blickte nach unten, so staunte er über Klarheit des Wassers. Der Blick in die Tiefe erfasste dort draußen ganze Schwärme von Fischen. Störte er sie nicht, schwammen sie ohne Angst um ihn herum, als wäre er lediglich ein ungefährliches Hindernis. Beim Schwimmen im sanft bewegten Meer des Nachmittags, die sichtbaren und unsichtbaren Tiefen und die Fische unter sich wissend, überkam ihn ein überwältigendes Gefühl des Einsseins mit seiner Umgebung, eine Ekstase der Ruhe. Je tiefer der Meeresgrund war und je bewusster er ihn wahrnahm, desto mehr erfasst ihn der Schwindel der Grenzenlosigkeit und er suchte wieder festen Grund unter den Füssen.

„So fühlt sich Freiheit an.“, dachte er, als er am Abend wieder im Café an der Riva saß. In sein Notizbuch schrieb er: „Die Sonne, die Wärme, der Strand, das Meer erlösen. Sie lösen Trauer, Depressionen, Angst über den Verlust der Kontrolle über den eigenen Körper oder Ansprüche, die man an sich selbst stellt, einfach auf. Das sinnliche Klima des Mittelmeers befreit mich vom nördlichen Bewusstsein und Selbstbewusstsein, in dem ich mich vor allem über das definiere, was ich tue. Das Klima und mit ihr die ideelle Mythologie des Mittelmeers bewahrt mich davor, eine Maschine zu sein. Fern von der Nerven zerfetzenden Wirkung der Stadt und des krankmachenden Jobs, fern vom Druck und der immer währenden Anspannung im Alltag wird mir klar, war mir im Leben wirklich wertvoll ist. Was brauche ich zum Leben? Eine Tasche voller Kleider, ein paar Bücher, mein Notebook, ein wenig Geld und sonst nichts. Nicht mehr Besitz, keine Ehre, keine Reputation, keine Triumphe über Konkurrenten, keinen Erfolg im zählbaren Sinne. Ich habe Zeit, die Sonne scheint, das Meer ist klar, ich bin und das reicht. Ich spüre keine Anspannung mehr, ich spüre nicht einmal mich selbst, sondern das Meer. Ich bin Teil des großen Ganzen und muss mich nicht machen. Ich muss gar nichts machen. Dieses erlöst sein, dieses ganz bei mir sein im Sinne des Aufgehens hier in Raum und Zeit erinnert mich an mystische Erfahrungen – an das Einswerden mit dem großen Ganzen, die Verschmelzung mit Gott oder seiner Welt, wie immer man das bezeichnen möchte. Diese gefühlte und begriffene Aufgehen im Ewigen lässt dich sogar einwilligen in deinen Zustand der Vergänglichkeit."

2

Ihr werdet mit Freuden Wasser schöpfen aus den Heilsbrunnen. Und ihr werdet sagen zu der Zeit: Danket dem HERRN, rufet an seinen Namen! Machet kund unter den Völkern sein Tun, verkündiget, wie sein Name so hoch ist! Lobsinget dem HERRN, denn er hat sich herrlich bewiesen. Solches sei kund in allen Landen! Jauchze und rühme, du Tochter Zion; denn der Heilige Israels ist groß bei dir!

Als er im Krankenhaus lag hatte ihm sein Sohn einen I-Pod geschenkt. Nik liebte Musik, sein Sohn wusste das, und vermutlich dachte er, Musik würde Nik im Krankenhaus helfen mit seiner Situation klarzukommen. Aber weder in den schlimmen Phasen der Trauer noch in der gesundheitlichen Krise konnte er Musik ertragen. Erst als es ihm wieder besser ging, hörte er gelegentlich eine seiner Lieblingsaufnahmen. Für diese Reise hatte er einige davon aufgenommen.

Die Nacht war fortgeschritten und er lag in seinem Apartment wach auf dem Bett. Von ferne hörte er das Meer, dazwischen vereinzelt Stimmen nächtlicher Heimkehrer vor dem Haus oder das vorüberziehende Motorengeräusch einer Vespa. Nik griff nach dem iPod, schob sich die Stöpsel in die Ohren, schaltete das Gerät ein und wählte Johann Sebastian Bachs Kantate „Jauchzet Gott in allen Landen" in der Aufnahme mit der Sopranistin Emma Kirkby. „Das passt", dachte Nik. „Et in ogni tempi." Damit hatte Bach die Kantate überschrieben: „Für allen Zeit". Nik kannte die Aufnahme in- und auswendig, jede Note, jedes Wort, jeder musikalische Ausdruck war ihm vertraut. Scheinbar mühelos sang die Sopranistin die Eingangsarie mit ihrer klaren, schlanken Stimme. Mit staunenswerter Beweglichkeit meisterte sie die aberwitzigsten Koloraturen in atemberaubendem Tempo. Das „Jauchzet" oder gar das

„Jauchzet Gott in allen Landen“ hätte es als Textgrundlage überhaupt nicht gebraucht. Die Stimme, im Duett mit der Barocktrompete, tat nichts anderes als jauchzen und kletterte dabei bis hinauf auf das dreigestrichene C. Das geschah auf natürliche und überschwängliche Weise, ohne dass sie laut wurden, ohne jegliches Forcieren. Die Musik, die Melodie, die Worte, die Stimme, alles ging auf in einem Fließen, das unterlegt war von einem pulsierenden Rhythmus der begleitenden Instrumente, der Nik in diesem Moment wie der Herzschlag des Lebens vorkam. Viele Male wurde in der Eingangsarie das „Jauchzet Gott in allen Landen“ wiederholt und variiert, bevor die restlichen Worte der Strophe zur Durchführung kamen: „Und wir wollen unserem Gott/ Gleichfalls jetzt ein Opfer bringen,/ Dass er uns in Kreuz und Not/ Allezeit hat beigestanden.“ „Vielleicht kann solch ein Lob nur gesungen und verstanden werden nach überstandenen Kreuz und Not“, dachte Nik. Drei Mal wurde „in Kreuz und Not“ wiederholt, Bach hatte es in chromatischen, sich überkreuzenden Noten in sein Gotteslob miteingewebt. Während des folgenden Rezitativs dachte er: „Merkwürdig, dass das für mich nie in Zweifel stand: der Beistand Gottes in Kreuz und Not. Nie. Das Leiden hat keinen Sinn gehabt. Leiden, das Sinn hat, gibt es nicht. An Gott oder gar so etwas wie den Zorn Gottes als Ursache für menschliches Leiden habe ich nie geglaubt. Der Gott Jesu ist kein zorniger Gott, der Menschen straft und quält, sondern ein mitleidender Gott, der das Leben will und nicht den Tod.“ Der Choral war ihm fast der liebste Teil der Kantate. Die Solistin sang die schlichte Melodie, virtuos von zwei Soloviolinen umspielt, und Nik summte die Strophe leise mit: „Sei Lob und Preis mit Ehren/Gott Vater, Sohn, heiligem Geist!“ Ansatzlos wechselte der Choral über in das Finale, ins Alleluja. Immer höher schraubte sich Emma Kirkbys Stimme, mit Leichtigkeit traf sie wieder das dreigestrichene C und sang ihre Koloraturen so locker wie der Solotrompeter mit ihr im Dialog blies. Nik wurde mit hineingerissen in die begeisternde Schlusssteigerung. Als der letzte Akkord verklungen war löste er die Ohrstöpsel und schaltete den iPod aus. Auf solches Gotteslob konnte nur Stille folgen. Eine Weile blieb er noch liegen, dann erhob er sich, goss Wein in ein Glas und setzte sich auf die Terrasse und blickte über das in Dunkelheit gehüllte Meer. Nach solcher Musik konnte man nicht schlafen. Nik fühlte sich voller Lebenskraft und Lebenslust. „Es ist dieser Moment“, dachte er, „dieses Danach und noch nicht wieder, das frei macht zum Lobpreis. Ich muss um nichts bitten. Ich muss wegen nichts klagen. Ich brauche für nichts zu danken. Jetzt kann ich loben.“

„Ob es Johann Sebastian Bach auch so gegangen war, als die Kantate schrieb?“ Nik wusste, dass dies eine von Bachs späten Kantaten war. Krankheiten, Sterben und Tod waren allezeit präsent gewesen in Bachs Leben, in einem Ausmaß, das man sich als moderner Mensch kaum vorstellen konnte. Mit zehn Jahren war Bach Vollwaise geworden, seine erste Frau hatte er verloren und zehn seiner zwanzig Kinder waren im Kleinkindalter gestorben. „Vielleicht macht das sein Gotteslob so überschwänglich, ohne dass es je triumphal würde. Vielleicht macht es das so wahrhaftig, weil dahinter die Lebenserfahrung steht: Was immer mir geschieht: Letztlich bin ich gehalten. Ich bin nicht auf mich selbst geworfen. Selbst aus dem schlimmsten ‚Herzeleide' finde ich wieder heraus zur ‚Herzensfreude'. Diese in Musik gefasste Erfahrung überträgt sich direkt auf den Hörer. Inklusive der Antwort auf die Frage: Was ist der Sinn, was das letzte Ziel meines Lebens? Loslassen. Staunen. Sich wegwenden von sich selbst. Sich Gott zuwenden. Das ‚Finale' ist das Halleluja, der Lobpreis Gottes, unseres Schöpfers und Erlösers. Es ist das Lied, das den Tod überdauert."

LöwenLieben

Rede auf einer schwulen Verpartnerungsfeier

„Der Löwe ist los." Unter dieser Überschrift erschien kürzlich ein Zeitungsbericht über die Aufführung von Giuseppe Antonio Brescianellos „Tisbe". Ob die Person, die das schrieb, den Hauch einer Ahnung hatte, was und worüber sie schrieb?

Der Löwe ist los. Warum tigert durch antike Liebesgeschichten wie der von Pyramus und Tisbe in ihren unterschiedlichen Bearbeitungen von Ovid bis Shakespeare ausgerechnet ein Löwe? Hat er rein dramaturgische Funktion, dient er quasi als Brandbeschleuniger der Handlung, der das Liebespaar auseinander oder zueinander bringt, je nachdem, ob man die Liebesgeschichte fatal wie bei Ovid oder glücklich wie bei Brescianello enden lassen will? Wirkt der Löwe als Verhinderer von Liebe oder fungiert er wie ein verdrehter Mephisto, der das Böse will, (nämlich die Liebenden fressen), und das Gute bewirkt, (dass sie am Ende zusammen kommen)?

Ich vermute, dass der Löwe hier noch Grundlegenderes repräsentiert. Im Löwen inkarniert sich eine Urgewalt. Der Löwe symbolisiert den Aspekt der Liebe, der sie alles andere als harmlos macht. Manchmal ist die Gewalt, die die Liebe in Bewegung setzt, schwer kontrollierbar und kaum zähmbar und lässt manche Liebe eben fatal enden. Womöglich steht der Löwe für das wilde, das ungezähmte Begehren. „Leone! Addio." schreit die Schäferin Licoris in Brescianellos Tisbe angesichts der befürchteten Nähe eines solchen und schlägt sich in die Büsche. Oberflächlich betrachtet mutet die Szene komisch an und das Publikum lacht. Aber schaut man genau hin, fragt man sich, was Tisbe erlebt hat und was an ihrem Bericht die gute Schäferin Licoris so frappiert hat. Tisbe singt:

Tisbe: Was für Geschichten! Ich bin tot.
Hier ist alles wilde Bestie. Eines bereits mit Gold
bestickten Schleiers sah ich mich beraubt.
Ein Geschenk meines Abgotts, das mir ein Löwe entriss.
Licoris: Ein Löwe! Addio.[1]
Was Tisbe da wohl geraubt und zerrissen worden ist?

William Shakespeares „Sommernachtstraum" wurde, wie Jan Kott schreibt, erstmals „...als ‚private' Komödie aus Anlass einer Hochzeit gespielt. Es war dies wohl ... die Hochzeit der famosen Mutter des Earl von Southampton. Wenn dem so war, wird der junge Earl an den Vorbereitungen zur Vorstellung teilgenommen und darin selbst in Gesellschaft seiner Liebhaber mitgespielt haben. Zur Hochzeit der Mutter werden alle seine männlichen und weiblichen Geliebten erschienen sein, Freunde und Freundinnen, dieser ganze glänzende Gesellschaftskreis, zu dem Shakespeare einige Jahre zuvor ... Zugang gefunden hatte."[2]. Man kann sich vorstellen, wie das Stück zur vorgerückten Stunde in rauschhafter Stimmung zur Aufführung kam.

Im „Sommernachtstraum" ist tatsächlich „der Löwe los". Es geht turbulent zur Sache. Das Stück beginnt am athenischen Hof: Helena liebt Demetrius, Demetrius Hernia, Hernia Lysander. Kurz gefasst: Die Protagonisten begeben sich nachts in den Zauberwald, wo Elfen alles durcheinander bringen und unversehens verkehrt sich alles und Lysander verfolgt Helena, Helena Demetrius und Demetrius Hernia. Erst zum Schluss - nach mancherlei erotischen Verwicklungen, bei denen auch noch ein in einen Esel verzauberter Weber namens Zettel zusammen mit der Elfenkönigen Titania sowie ihr Mann Oberon mit einem schönen Knaben ihren Spaß haben – finden die „idealen" Partnerinnen und Partner zusammen und das Spiel kommt an sein (vorläufiges) Ziel:

Puck: Und das Sprichwort, das uns lehrt:
„Jeder kriegt, was ihm gehört"
werde dann an euch bewährt.
Hans kriegt die Gret';
Nichts, was schlecht ergeht:
Der Mann soll seine Mähre wiederhaben, dass alles gut gerät![3]

---

[1] Giuseppe Antonio Brescianello, Tisbe Nr. 17
[2] Jan Kott, Shakespeare heute, Berlin 1989, S. 220
[3] Erich Fried: Shakespeare, Band 1, Berlin 1989 S.295

Bei der abschließenden Hochzeitsfeier führt eine Chaostruppe mehr oder weniger einfältiger Handwerker als Stück im Stück das Drama von Pyramus und Tisbe auf. Man stelle sich vor: Der Blasebalgflicker Flaut spielt Tisbe, der Weber Zettel gibt den Pyramus, der Schreiner Schnock den Löwen und weitere Kollegen spielen u.a. eine Wand und den Mond. Parallel dazu streuen die Zuschauer ihre Kommentare zum Bühnengeschehen ein:

Tisbe tritt auf. Löwe und Mondschein ziehen den Vorhang zur Seite und enthüllen ein Plakat mit der Aufschrift „Des Ninus Grab".

Tisbe: Das ist des alten Ninus Grab. Wo ist mein Heißgeliebter? ...
Löwe (brüllt): O!
Tisbe wirft ihren Mantel weg und läuft davon.
Demetrius: Gut gebrüllt, Löwe!
Theseus: Gut gelaufen, Tisbe!
Hippolyta: Gut geschienen, Mond! In der Tat, der Mond scheint recht anmutig.
Der Löwe zerreißt Tisbes Mantel.
Theseus: Gut gemaust, Löwe.
Demetrius: Und dann kam Pyramus.
Pyramus tritt auf, Löwe ab.
Lysander: Und da verschwand der Löwe.
Pyramus: Ich dank dir, süßer Mond, für deine sonnigen Strahlen,
Denn süße Kost verheißet mir dein Schein,
So gnädig, glitzernd, golden und opalen:
Den trauten Anblick der getreusten Tisbe mein!
Doch halt, o Harm!
Ich Ritter arm!
Was für ein Graus ist dies?
Sagt, Augen mein,
Wie kann das sein?
Mein Gott! Mein Küchlein süß!
Dein Mantel gut
Befleckt mit Blut?
Naht, Furien, mit Gebraus!
Ihr Parzen dreist,
Den Faden reißt!
Trennt, schert, würgt, löscht ihn aus!

Theseus: Dieses Leid und der Tod einer teuren Freundin reichten schon, dass ein Mann traurig dreinschaut.
Hippolyta: Wirklich, der Mann bricht mir das Herz!
Pyramus: Weh dir, Natur! – wer hieß dich Löwen bauen?

Da so ein schnöder Löw mein Lieb hat defloriert,
Sie ist, nein, nein, sie war – die schönste aller Frauen,
Die je gelebt, geliebt, gelabt und inspiriert: ...[4]

Shakespeare benennt das, was der Tisbe geraubt und zerrissen wurde, konkret. Er weiß genau, warum er den Löwen los- und welche Macht er mit ihm auf die Bühne lässt. Nicht nur im „Sommernachtstraum“, nicht nur in „Romeo und Julia“, seiner anderen Pyramus und Tisbe-Adaption, die wie die Ovid'sche Vorlage für die Liebenden tödlich endet - in allen seinen Stücken zeigt Shakespeare die Liebe, wie sie ist: Die Liebe stürzt vom Himmel wie ein Habicht. Die Liebe überfällt die Menschen wie ein Löwe. Die Welt versinkt, die Liebenden sehen nur sich. Bei Shakespeare erfüllt die Liebe das ganze Wesen der Menschen, ist Verzückung und Begierde. Es gibt Erotik aller denkbaren Spielarten, rauen Sex, es fließen Blut und andere Körperflüssigkeiten. Der oberflächlich idyllisch anmutende „Sommernachtstraum“ führt auf, wie die Protagonisten das Tierische, das Triebhafte, durchqueren. Die Liebe ist blind, weil sie über dem Intellekt steht. Die Blindheit gibt Erfüllung und Ekstase. Aber sie kann auch verschlingen. Nüchtern lässt Shakespeare Theseus, den athenischen König und Vater von Helena, feststellen:

„Verliebte sind wie Narren.“[5]

Aber was wäre das Leben ohne die Liebe, ohne diese grundstürzende Erfahrung, die Menschen zueinander und auseinander reißt und manchmal sogar zerreißt, die sie in tiefste Abgründe stürzen und höchste Gipfel erklimmen lässt?

Es gibt unterschiedliche Möglichkeiten, wie man sich bei einer Begegnung mit dem Löwen diesem gegenüber verhalten kann. Hans Blumenberg, den exzentrischen Philosophen aus dem Münsterland, hat der Löwe Zeit seines Lebens nicht losgelassen. Immer wieder hat er über ihn geschrieben. Unter anderem nennt er zwei Möglichkeiten, wie der Mensch dem Löwen begegnen kann. Er verdeutlicht das anhand zweier kleiner, wie er es nennt, „Geschichtchen“. Das erste „Geschichtchen“ geht so:

Buddha begegnet einem hungrigen Löwen. Um dessen Hunger zu stillen, verwandelt er sich in einen Hasen.[6]

Das ist eine Möglichkeit: Hingabe total. Man kann sich von der Liebe verschlingen lassen. Die Frage ist, wie zuträglich das dem Körper und der Psyche ist.

---

[4] Fried, Shakespeare S. 306f.
[5] Fried, Shakespeare S. 301
[6] Hans Blumenberg, Löwen, Frankfurt/Main 2001, S. 52

Eine andere Möglichkeit erzählt das „Geschichtchen“, das einen Mann in der Wüste mit einem Regenschirm spazieren gehen lässt.

„Plötzlich erscheint ein Löwe. Der Mann in seinem Schrecken spannt den Regenschirm auf. Vermutlich, um den Löwen nicht weiter sehen zu müssen. Doch geschah, was die Magie des Augenschließens schon seit jeher und zumal seit Kindertagen zu bewirken imstande sein soll: Der Löwe fiel tot um.“[7]

Ob das die bessere Lösung ist, die Verhütung und Vermeidung jeglichen sich Überfallenlassens durch den triebhaften Aspekt der Liebe? Jeder muss das für sich selbst entscheiden, soweit und wieweit er seinen Triebhaushalt überhaupt kontrollieren und steuern kann bzw. will.

Eine Alternative dazu, eine wie ich finde, ziemlich geniale dritte Lösung zum Umgang mit dem Löwen ist überraschenderweise Jesus eingefallen. Im apokryphen Thomasevangelium spricht Jesus:

Jesus sprach: Selig ist der Löwe, den der Mensch isst, und der Löwe wird Mensch. Und abscheulich ist der Mensch, den der Löwe frisst, und der Löwe wird Mensch.[8]

Erstaunlich ist zunächst, dass Jesus den Löwen zum Gegenstand der Seligpreisung macht: „Selig ist der Löwe, den der Mensch isst, und der Löwe wird Mensch.“ Wovon ist hier bildhaft die Rede? Die Rede ist von einem Löwen, der dadurch, dass er von einem anderen Prinzip - von einem verständigen Menschen - aufgenommen wird, Erlösung findet. Das Triebhafte wird vom Kontrollierten aufgenommen und erfährt eine Verwandlung. Das Bemerkenswerte ist, dass das Thomasevangelium darum so drastisch vom Zusammen und Ineinander von zwei verschiedenen Lebensformen spricht, weil es von der Einsicht ausgeht, dass in einer idealen Welt, in der Mensch und Löwe tatsächlich miteinander leben, der Mensch in keinem Fall Mensch und der Löwe nicht einfach Löwe bleiben können.

Aber noch einmal zurück zum ganzen Doppellogion von der Begegnung zwischen Mensch und wilder Welt bzw. Ratio und Trieb:

Jesus sprach: Selig ist der Löwe, den der Mensch isst, und der Löwe wird Mensch. Und abscheulich ist der Mensch, den der Löwe frisst, und der Löwe wird Mensch.

Das Logion hat offensichtlich eine doppelte Pointe: Der Mensch kann bei dieser Begegnung zuschanden und vom Löwen verschlungen werden. Solch ein Mensch ist

[7] Blumenberg S. 58f.

[8] Thomasevangelium 7/ Zum Folgenden: Gerhard Marcel Martin, Das Thomasevangelium. Spiritueller Kommentar, Stuttgart 1998, S. 39ff.

Gegenstand des Fluchs. Die wilde Welt, das Triebhafte, kann aber auch menschlicher, es kann erlöst werden. Der „Löwe“ wird Gegenstand der Seligpreisung. Bei diesem zweiten Aspekt ist vom Menschen, vom Rationalen, nicht weiter die Rede. Beide Verwandlungssprüche sagen gleichermaßen: „Der Löwe wird Mensch“, egal, ob der Mensch den Löwen oder der Löwe den Menschen verspeist. Auf den ersten Blick erscheint das paradox. Man würde erwarten, dass wenn der vom Menschen gefressene Löwe Mensch wird dass dann der vom Löwen gefressene Mensch Löwe wird. Aber auch in diesem Fall wird der Löwe Mensch. Also ist hier die Rede von zwei verschiedenen Menschentypen und von zwei verschiedenen Modellen von Verschlingen und Verwandlung: Wird der Löwe Mensch, weil er vom Menschen gegessen wird bewahrt der Aktive jedenfalls äußerlich seine Identität. Das obere, umfassendere Prinzip „Mensch“ assimiliert das untere „Löwe“ und definiert es neu: der Löwe hat im Menschen Wohnrecht. Wird der Löwe Mensch, weil er den Menschen frisst, verliert er zumindest einen Teil seiner äußeren Identität. Das untere Prinzip „Löwe“ assimiliert das obere Prinzip „Mensch“ und definiert es neu. Im Menschen ist der Löwe los! Der Mensch wird ganz anders, der Löwe bleibt der alte. Diese Vorstellung ist für den Menschen äußerst bedrohlich. Die andere Vorstellung dagegen, bei der der Löwe im Menschen Wohnrecht erhält erweitert seinen Lebens-, Gefühls- und Erfahrungshorizont.

Manchmal bricht die Liebe ins Leben von zwei Menschen ein und überfällt sie wie ein Löwe aus dem Dschungel. Auf wundervolle Weise singt davon Licoris in Brescianellos „Tisbe“:

Oh, verwünschte Ankunft des schönen Jünglings!
Ich fühle ihn in der Brust aufatmen: „Ich lebe, ich lebe“,
und ich will alles nach seinem Willen.
Er möge die Zuneigung haben,
die doch so süß ist, sie diesem Antlitz zu geben.
Ich spüre, wenn ich bedenke, dass ich ihn anbete,
die große Befriedigung.
Verlogene Nymphen, wohin bringt die Liebe mich?!
Bereits zuvor hatte ich sie im Herzen.[9]

Davon inspiriert male ich mir in meiner Phantasie ein Szenario aus, wie es sich vor 12 Jahren in der Villastrasse abgespielt haben könnte. Keine Angst, ich werde meine Phantasien hier nicht ausbreiten. Ich denke allerdings, dass ein Paar, das 12 Jahre lang zusammen lebt und dann beschließt, seine Beziehung auch noch formal auf

9 Brecianello, Tisbe Nr. 14

Dauer zu stellen, etwas von dem, worauf Jesu Rätselwort hinweist, begriffen hat. Wenn man sich hätte vom Löwen verschlingen lassen wäre die Geschichte längst beendet. Das ist nicht der Fall, im Gegenteil. Die Geschichte geht weiter und es gibt keinen Grund, warum sie nicht noch lange weiterentwickeln sollte. Insofern habt ihr beide, lieber Michel und lieber Jörg, es geschafft, euch den Löwen einzuverleiben und ihm dauerhaft Wohnrecht in euch bzw. unter euch zu gewähren.

Übrigens gefällt mir die Art und Weise, wie Brescianello, bzw. sein Librettist Pier Jacopo Martello die Ovid'sche Vorlage von Pyramus und Tisbe um- und neugeschrieben hat. Es gab genügend tödlich endende Pyramus und Tisbe- bzw. Romeo und Julia-Geschichten. Genauer gesagt: Es gab in der langen Geschichte schwuler Beziehungen viel zu viele Romeo und Julius-Geschichten, die tragisch, traurig oder fatal endeten, aus Gründen, die ich nicht vertiefen muss. Das muss heute nicht mehr sein. Dass es heute so ist, das wurde hart erkämpft. Ihr und wir profitieren davon. Eine glücklich endende Pyramus und Tisbe-, respektive Romeo und Julius-Geschichte auf der Folie von Brescianellos Oper ist eine wunderbare Referenz für eine Beziehung.

Wir enden an dieser Stelle mit Oberons Befehl an seine Elfenschar aus dem „Sommernachtstraum", den Liebenden das zu bringen, was man in der Sprache der Religion Segen nennt:

Jedem Elf ist nun bestellt:
Bringt mit heilgem Tau vom Feld
Jeder Kammer, jedem Saal
Glück und Frieden allzumal;
Sicherheit und gute Ruh
Teilt den Herrn des Hauses zu!
Kreuz und quer!
Ruht nicht mehr!
Erst wenn's Tag wird, kommt hier her.[10]

10 Fried, Shakespeare S. 310

Lebenskunst des Umwegs

Predigt über Johannes 14,15-19

Liebt ihr mich, so werdet ihr meine Gebote halten. Und ich will den Vater bitten und er wird euch einen andern Tröster geben, dass er bei euch sei in Ewigkeit: den Geist der Wahrheit, den die Welt nicht empfangen kann, denn sie sieht ihn nicht und kennt ihn nicht. Ihr kennt ihn, denn er bleibt bei euch und wird in euch wohnen.

Ich will euch nicht als Waisen zurücklassen; ich komme zu euch.

Es ist noch eine kleine Zeit, dann wird mich die Welt nicht mehr sehen. Ihr aber sollt mich sehen, denn ich lebe und auch ihr sollt leben.

1. Die Kunst zu leben

Jesus spricht: „Ich lebe, und auch ihr sollt leben." Wir sollen leben. Sogar in Fülle. *„Ich bin gekommen, damit sie das Leben und alles in Fülle haben sollen"*, sagte Jesus an anderer Stelle (Johannes 10,10).

Wie geht das: Leben, gar erfülltes Leben? Wie schaffen wir das? Wo finden wir das? Und was gehört überhaupt dazu?

Wir könnten unsere Suche in Buchhandlungen beginnen. Dort fänden wir meterlange Regale, die gefüllt sind mit Büchern zu den Themen „Lebenskunst", „Lebenshilfe" und „Sinnsuche". Oder wir könnten Glücks-Kolumnen in Blättern wie der Bild-Zeitung lesen, wo gelegentlich der Benediktinerpater Anselm Grün seine Lebensweisheiten zum Besten gibt. Angebote zum Thema Lebenskunst haben Hochkonjunktur auch auf dem Zeitschriften-Markt: „Schöner Wohnen", „Genussvoll Essen", „InStyle", am besten mit „Landleben", „Landlust" und „Landliebe". Wir könnten auch ein „Wohlfühl-Package" in einer „Wellness-Oase" oder einem „Wellness-Hotel" buchen.

Erfülltes Leben wird gerne verbunden mit einem angenehmen Körpergefühl, mit innerer und äußerer Körperstimulation, die Negatives löst und wohltuende Empfindungen auslöst. Die direktesten Wege dorthin, die effektivsten Techniken für Körper und Geist sind gesucht. Wie finde ich eine ideale „Work-Life-Balance"? Psychotherapeutische Angebote bieten Hilfe, genauso wie spirituelle Ratgeber, die versprechen dazu beizutragen, den Suchenden zu Klarheit im Blick auf ihre

Biographie und Lebensplanung zu verhelfen. Denn möglichst alles, was ich tue und was mir widerfährt in dieser unübersichtlichen Welt soll einen Sinn haben.

Diese Suche nach dem guten und erfüllten Leben wird häufig von einer gewissen Melancholie begleitet. Das mag daran liegen, dass diese Bemühungen aus einem Empfinden des Vermissens heraus geschehen. Irgendetwas fehlt oder ist nicht richtig im eigenen Leben und das will korrigiert werden.

Wie geht das: Leben, gar erfülltes Leben? Wie schaffen wir das? Wo finden wir das? Und was gehört überhaupt dazu?

2. Im Geist der Wahrheit

Ich will den Vater bitten und er wird euch einen andern Tröster geben, dass er bei euch sei in Ewigkeit: den Geist der Wahrheit, den die Welt nicht empfangen kann, denn sie sieht ihn nicht und kennt ihn nicht. Ihr kennt ihn, denn er bleibt bei euch und wird in euch wohnen.

Wahrheit gehört dazu. Aber was ist Wahrheit? Und was hat sie mit erfülltem Leben zu tun?

Montagvormittag, in der Filiale eines großen Anbieters für billige Kleidung. „Sneakers für neun Euro, Kleider für sieben Euro, Bikinis ab vier Euro, Oberteile ab zwei Euro. Durch die engen Gänge wuseln die Menschen wie Ameisen über einen Buffettisch. Studenten, Mütter mit Töchtern, Rentner, Anzugträger, Jogginghosenträgerinnen, Dicke, Dünne, Große, Kleine. Durch die engen Gänge wuseln: wir alle." (Süddeutsche Zeitung 30.04.13) In Savar in Bangla Desh ist in der Woche zuvor ein achtstöckiges Gebäude eigestürzt, in dem auch dieser Billig-Kleider-Filialist seine Ware hat produzieren lassen. Über 1000 Menschen starben, mehr als 1000 wurden verletzt, viele von ihnen schwer. Rund 3000 Menschen hatten dort gearbeitet, unter miserablen Arbeitsbedingungen in einem erkennbar brüchigen Haus, für einen Monatslohn von 38 Euro. „Würde man jeder Näherin 50 Euro bezahlen, würde das zum Beispiel bedeuten, dass ein T-Shirt bei uns zwölf Cent mehr kostet", sagt dazu ein hiesiger Gewerkschaftsvertreter. 2,11 Euro statt 1,99 Euro.

Benjamin, 27 Jahre alt, Sozialversicherungsfachmann, antwortet auf die Frage, warum er hier einkauft: „Weil es so günstig ist." Stolz ist er darauf nicht und meint: „Der Mensch kann nie genug bekommen, er will von allem ganz viel, und je billiger es ist, umso mehr kann er haben." Cindy, Bankkauffrau, ebenfalls 27 Jahre alt, will von dem Unglück in Bangla Desh „lieber nichts hören." Sie möchte unbeschwert einkaufen. Mitarbeiter und Management der Filiale wollen sich zum Thema nicht äußern. Nur Alexander, ein 21-jähriger VWL-Student, der als Aushilfe für zehn Euro die Stunde T-Shirts für fünf Euro sortiert, macht den Mund auf. Wie er sich fühlt, wenn er an das Unglück denkt? „Natürlich asozial“, antwortet er. Nur brauche er halt den Verdienst zum Leben.

Wahrheit gehört zum erfüllten Leben. Aber will man alles immer so genau wissen?

Kommt die Wahrheit ans Licht und nehmen wir sie nicht nur zur Kenntnis sondern nehmen wir sie uns auch zu Herzen, dann wird sofort klar: Wahrheit kostet. Die Wahrheit hat ihren Preis. Das gilt nicht nur beim Kauf von Kleidung. Im Blick auf erfülltes Leben gibt es eine elementare Beziehung zwischen Wahrheit und Gerechtigkeit. Die ist unumstößlich. Aber Gerechtigkeit ist nur die eine Säule eines Lebens im Geist der Wahrheit. Es gibt noch eine zweite.

„Was Sie in der Brust haben, ist ein Tumor, der ist bösartig, und der hat auch schon gestreut“, sagte der Stationsarzt einer Lungenklinik zu dem ehemaligen taz-Korrespondenten Peter Tautfest, als er ihn mit der Diagnose konfrontierte. Tautfest schilderte kurz vor seinem Tod in einem beeindruckenden Essay, wie die Mitteilung auf ihn wirkte: „Dr. K. gehörte zu der neuen Generation von Ärzten, die es gelernt hat, Patienten die Wahrheit nicht zu verschweigen. Er spricht leidenschaftslos, direkt, schonungslos und ohne Umschweife. Ja beinahe ein bisschen schnodderig. Rückblickend kommt es mir vor, als hätte er von einem großen Spaß gesprochen, wie von einem jener unvermeidlichen Unglücke, die Menschen nun einmal widerfahren und über die man gemeinsam scherzen können soll oder können muss. Nicht zu diesem Ton jedoch passen Klagen und Bedauern. Er hätte sagen können: Ich will heute Nachmittag noch Squash spielen gehen und mir die Laune nicht von Ihnen verderben lassen.“

Wahrheit allein - die nackte Wahrheit - hat keinen Wert an sich. Es gibt Wahrheiten über uns und unter uns, die wir nur ertragen, wenn andere sich uns zuwenden und uns beim Tragen helfen. Wahrheit bezieht sich nicht nur auf das gute Leben. Erfülltes Leben schließt schmerzvolles und sterbliches Leben mit ein. Das ist nur zu ertragen, wenn es eine Beziehung gibt zwischen Wahrheit und Liebe. Auch die ist unumstößlich. Liebe ist die zweite Säule eines Lebens im Geist der Wahrheit.

Für Liebe und Gerechtigkeit als den tragenden Säulen der Wahrheit, die zum Leben in Fülle führt verbürgt sich Jesus selbst. Er sagt: „Ich bin der Weg, die Wahrheit und das Leben“ (Johannes 14, 6). Und wenn ich nicht mehr unter euch sein werde, dann erhaltet ihr als vollgültigen Ersatz bis in alle Ewigkeit: den Geist der Wahrheit. „Er bleibt bei euch und wird in euch wohnen.“

3. Lebenskunst des Umwegs

Eine Lebenskunst, die sich aus der Tradition unseres Glaubens speist, gründet nicht in einer Wohlfühlreligion für alle Lebenslagen. Eine christlich inspirierte Lebenskunst ist eine „Lebenskunst des Umwegs“ (Matthias Sellmann). Sie unterscheidet sich von einer Lebenskunst, die Lebensglück als direktes Ziel ansteuert. Natürlich bleibt auch für Christen gutes Leben ein zentrales Ziel. Erfülltes Leben wurde uns ja von Jesus selbst verheißen. Aber er, der sich selbst als „der Weg, die Wahrheit und das Leben“ bezeichnet, ist einen weiten und schmerzvollen Umweg gegangen: den Umweg über das Kreuz. Blicken wir auf ihn, sehen wir den „Gottesknecht“, der „weder Gestalt noch Schönheit“ hat (Jeremia 53, 2). Und die Erkenntnis, dass das „Wort vom Kreuz“ eine „Gotteskraft“ ist und keine „Torheit“ (1. Korinther 1, 18) macht uns bewusst, dass unser Glauben seine Kraft gerade aus der „Rechtfertigung des Hässlichen“ (Jacob Taubes) bezieht. Diese seltsame Logik des Umwegs als Lebenskunst kann uns Kraft geben, dass wir Negativem wie Leiden, Tod und Ungerechtigkeit standhalten und sie nicht ausblenden, verleugnen oder überspringen müssen. Das Leben in Fülle hat der Gekreuzigte und Auferstandene uns ermöglicht, indem er es für uns erlitten und erkämpft hat. Zu diesem Leben in Fülle finden wir nicht aus uns selbst, sondern durch die Taufe in seinen Tod, „damit, wie Christus auferweckt ist von den Toten durch die Herrlichkeit des Vaters, auch wir in einem neuen Leben wandeln“ (Römer 6, 4). Das heißt: Die finden ihr Heil, die es über einen Umweg – über das Vertrauen in die Gottesliebe – erstreben. In ihnen, sagt Jesus, wohnt der Geist der Wahrheit. In ihnen und durch sie wirkt er Liebe und Gerechtigkeit und schafft einen Lebensraum, in dem Unrecht bekämpft und Tod und Vergehen ertragen und getragen werden können, weil sie nicht als das Ende begriffen werden müssen.

Das kann zu einer gesunden Selbstvergessenheit führen, denn auf diesem Umweg zum erfüllten Leben geht es nicht um das selbstfabrizierte Gelingen meiner Biographie. Auf diesem Umweg bekommen Glaubende das eigene Lebensglück geschenkt, indem sie sich für die Lebenschancen anderer riskieren. Der, der von sich gesagt hat, er sei „der Weg, die Wahrheit und das Leben“, hat gezeigt, wie es geht: Leben wird intensiv, wenn man es gibt für andere, wenn man es riskiert und erst nach dem Durchgang durch die Risikopassage zurückerhält. Für den, der sagt: Liebt ihr mich, so werdet ihr meine Gebote halten, steht diese Art der Liebe im Zentrum aller (Lebenskunst-)Regeln: „Das ist mein Gebot: Liebt einander, so wie ich euch geliebt habe. Es gibt keine größere Liebe, als wenn einer sein Leben für seine Freunde hingibt“ (15, 12f.). So verstandene Liebe ist eher langmütig und freundlich, zäh und gegen alle Bedenken optimistisch, als dass sie zuerst die Befriedigung der eigenen

Bedürfnisse und den eigenen Nutzen sucht, andere ausnützt, oder die Ausbeutung anderer zulässt. Es ist die uneigennützige Tat, die zur schönen Tat wird und Leben in erfülltes Leben verwandelt.

Das gilt nicht nur für den begrenzten Kosmos des privaten Lebens. Es kann auch in größerem Zusammenhang funktionieren. Zum Beispiel existiert im Internet neben allem anderen auch eine Netzökonomie, in der Menschen ihr Wissen teilen. Wissenschaftler und Forscherinnen stellen das, was sie herausgefunden haben denen zur Verfügung, die es brauchen können. Man teilt Wissen in unsichtbaren Gemeinschaften im Netz im Gefühl einer tiefverwurzelten Gleichheit aller, die sich an diesem Austausch beteiligen. Man teilt Wissen und Erkenntnisse, und jenseits individuellen Profitstrebens entwickelt sich ein Sinn für Solidarität, in dem etwas Urmenschliches zum Ausdruck kommt: Es ist die Gewissheit, dass das, was die Forschenden verbindet, der Sphäre der Unschätzbarkeit – der Fülle - angehört. Man hat diese Wissenschaftlerinnen und Wissenschaftler „Kinder eines neuen Vertrauens" genannt, „das in den anonymen Netzen der elektronischen Kommunikation verlorengegangen schien." Wo das gelingt, teilt man Geist und Erkenntnis, und der Geist fließt und strömt und wird mehr. Indem ich gebe, was ich weiß und es anderen zugänglich mache, verliere ich nichts von diesem Gut. Ich bekomme dadurch im Gegenteil die Chance, es durch das Feedback der Nutznießer zu mehren. Es ist die Lust an der Kreativität, die dabei den Kern aller Erkenntnis bildet. Sie appelliert an die großzügige und dadurch schöne Geste. Sie versammelt und regt neue Gemeinschaften an. So ruft die Kreativität in Gestalt des frei flottierenden Geistes eine bislang ungekannte und unerhörte Freude hervor – die von den Hütern der alten akademischen oder industriellen Festungen noch immer nicht begriffen wird. „Sie lädt dazu ein, das Leben mit dem Lebendigen zu teilen." (Marcel Hénaff).

„Der Geist der Wahrheit bleibt bei euch und wird in euch wohnen", verspricht Jesus. Wie das in und unter den Glaubenden geschieht und wie das den Glaubenden die Kunst zu leben in ihrem Alltag ermöglicht? Man kann es nicht erklären und das braucht man auch nicht. „Manche Menschen leben aus einem Geheimnis, das sie ins sich aufgenommen hat. Darum können manche von ihnen geben, was sie gar nicht haben, können sein, was sie noch gar nicht sind" (Klaus Hemmerle) – und Leben in Fülle gewinnt Gestalt.

Bekehrung

Predigt über Römer 7,25.a.8, 1-11

Dank sei Gott durch Jesus Christus, unseren Herrn!

So gibt es nun keine Verdammnis für die, die in Christus Jesus sind. Denn das mit dem Geist gegebene Gesetz des Lebens in Christus Jesus, hat dich vom Gesetz der Sünde und des Todes freigemacht.

Denn was dem Gesetz unmöglich war, weil es durch das Fleisch geschwächt war, das tat Gott: Er sandte seinen Sohn in der von Fleisch und Sünde gezeichneten Gestalt und verdammte die Sünde so im Fleisch, damit die Gerechtigkeit, vom Gesetz gefordert, in uns erfüllt würde, die wir nun nicht nach dem Fleisch leben, sondern nach dem Geist.

Denn die da fleischlich sind, die sind fleischlich gesinnt; die aber geistlich sind, die sind geistlich gesinnt. Aber fleischlich gesinnt sein ist der Tod, und geistlich gesinnt sein ist Leben und Friede.

Denn fleischlich gesinnt sein ist Feindschaft gegen Gott, weil das Fleisch sich dem Gesetz Gottes nicht unterordnet; denn es vermag's auch nicht. Die aber fleischlich sind, können Gott nicht gefallen.

Ihr aber seid nicht fleischlich, sondern geistlich, wenn denn Gottes Geist in euch wohnt. Wer aber Christi Geist nicht hat, der ist nicht sein. Wenn aber Christus in euch ist, so ist der Leib zwar tot im Blick auf die Sünde, der Geist aber ist Leben im Blick auf die Gerechtigkeit.

Wenn nun der Geist dessen, der Jesus von den Toten auferweckt hat, in euch wohnt, so wird er, der Christus von den Toten auferweckt hat, auch eure sterblichen Leiber lebendig machen durch seinen Geist, der in euch wohnt.

1

Stephen H. Bradley erzählt, dass er sich bereits mit 14 Jahre für vollständig bekehrt hielt. In einer Vision erschien ihm Jesus und sprach zu ihm: „Komm!“. Das, so sagt er, erfüllte ihn mit überfließender Freude und dem überwältigenden Wunsch nach Wohlergehen für die ganze Menschheit. Neun Jahre später geriet er in eine methodistische Zeltevangelisation, bei der ein Erweckungsprediger eine feurige Predigt über einen Text aus der Offenbarung hielt. In der darauffolgenden Nacht wurde ihm eine alle seine bisherigen religiösen Erfahrungen in den Schatten stellende Erfüllung mit dem Heiligen Geist zuteil. Sein Herz begann, heftig zu schlagen. Er fühlte sich zugleich demütig und glücklich, verabscheuungswürdig und erfüllt, und es war ihm, als flösse ein Strom, der sich ähnlich wie Luft anfühlte, durch seinen Mund in sein Herz, das zu zerspringen drohte. Es hörte nicht auf, bis er sich vollständig erfüllt fühlte von der Gnade und Liebe Gottes. „Was kann das bedeuten?" fragte er sich, und im selben Augenblick fiel ihm ein Satz aus dem 8. Kapitel des Römerbriefes ein: „Der Geist hilft unserer Schwachheit auf ... mit unaussprechlichem Seufzen" (8,26). Noch am darauffolgenden Morgen fühlte er sich von dieser Kraft erfüllt und er war glücklich wie nie zuvor. Sein Geist, so beschreibt er es, war über jede Todesangst und jede Schläfrigkeit erhoben. Wie ein Vogel im Käfig verspürte er den Wunsch wenn es Gottes Wille sei von seinem Körper befreit zu werden und bei Christus zu sein. Ihm war es aber auch recht, weiterzuleben und seine Erfahrungen an andere weiter zu geben. Nach dem Aufstehen ging er direkt zum Bücherregal, nahm die Bibel, schlug das 8 Kapitel des Römerbriefes auf und las es. Jeder Vers dieses Textes, so erzählt er, schien zu ihm zu sprechen und die Wahrheit der Worte Gottes zu bestätigen, und ihm war, als entsprächen seine Gefühle dem Sinn dieser Worte. Er hatte die Empfindung, von derselben Kraft erfasst zu werden wie die Apostel am Pfingsttag.

2

Eine andere Bekehrungsgeschichte erzählt die Regisseurin Jasmila Žbanić in ihrem Film „Zwischen uns das Paradies": Luna, die Flugbegleiterin, und Amar, der Fluglotse, lieben sich. Ihre Intimität ist natürlich und unverkrampft. Zum großen Glück fehlt ihnen nur noch das sehnlich erwünschte Kind. Die beiden Großstadtmenschen leben in Sarajevo. Sie lieben das Leben und feiern gerne mit ihren vielen Freunden nach der Arbeit in Kneipen. Amar trinkt etwas zu viel. Das wird ihm zum Verhängnis. Als man ihn mit Alkohol am Arbeitsplatz erwischt wird er für ein halbes Jahr suspendiert. Die angebotene Therapie lehnt er ab. Zufällig trifft Amar Bahrija wieder, einen alten Freund und Kriegskameraden, und die beiden kommen ins Gespräch. Bahrija, früher ein Typ wie Amar, trägt Bart und religiöse Kleidung und lebt in einem Wahabiten-Camp auf dem Land an einem idyllischen See. Er bieten Amar dort einen gut bezahlten Job an, den dieser annimmt. Über Wochen gelingt es Luna nicht, ihn zu kontaktieren. Als sie es schafft, ihn endlich dort zu besuchen, stellt sie in diesem Camp konservativer Wahrheiten fest, dass Frauen und Männer streng voneinander getrennt leben unter einem System rigider Reglementierung. Amar sagt ihr, dass er hier seinen Frieden gefunden und mit dem Trinken aufgehört habe. Wochen später kehrt er zurück nach Hause. Amar möchte

Luna nach islamischem Recht heiraten und verweigert Frauen die Hand und ihr „vorehelichen“ Sex. Von Luna erwartet er, dass sie sich ändert, denn ihr Lebenswandel passt nicht zu seinen neuen Werten. Als Luna eines Morgens Amar betend neben dem Bett findet, wird ihr klar, wie tiefgreifend er sich verändert hat und wie weit sie sich auseinanderentwickelt haben. An dem einst so sehnsuchtsvollen Kinderwunsch zweifelt sie nun und im letzten Moment verweigert sie die schon terminierte künstliche Befruchtung. Obwohl aus den Blicken, mit denen sie sich ansehen, immer noch Liebe spricht, bleibt ihnen nichts anderes übrig, als getrennte Wege zu gehen.

Jasmila Žbanić wurde gelegentlich dafür kritisiert, dass ihr Film die Bekehrung Amars nur zeigt und sie nicht erklärt. Aber eine Bekehrung kann man kaum rational erklären. Was die Regisseurin in ihrem eigenen Lebensumfeld beobachtet hat und mit Amar exemplarisch zeigt und was die Betrachter wie Luna so bestürzt ist, dass ein Mensch sich zu einer rigiden Religion bekehrt, die mit der Tradition seiner Heimat überhaupt nichts zu tun hat. Eine Bekehrung kann, aber muss nicht unbedingt aus einer Lebenskrise heraus geschehen. Sie kann sich wie bei Stephen H. Bradley entwickeln, wenn man in einem religiösen Milieu aufwächst und davon geprägt wird. Aber in Lebenskrisen wie Krankheit, Trennung, Krieg, Gewalt oder Sucht werden Menschen nicht selten Erfahrungen zuteil, die sie in Kontakt bringen mit einem neuen Geist, der sie ergreift und erfüllt und grundlegend verwandelt. Menschen entdecken einen neuen Wärmepol, ein anderes Kraftzentrum, einen neuen Fokus, an dem sie ihr Leben ausrichten und um den herum sich ihre sozialen Beziehungen neu ordnen. Die Bibel erzählt solche Bekehrungsgeschichten, alle Weltreligionen kennen solche Erfahrungen. Wobei es nicht nur Religionen oder Sekten sein müssen, in denen Menschen nach solchen Bekehrungen eine zuvor nicht erlebte Geborgenheit finden. Auch politische Ideologien können diese Rolle übernehmen.

3

Paulus war Experte für Bekehrungen, hatte er selbst doch mehrere durchlaufen. Vermutlich war er in seiner multikulturellen Heimatstadt Tarsus in der kilikischen Diaspora in einer eher liberalen Tradition des Judentums aufgewachsen. Nach seinem Umzug zum Studium nach Jerusalem und dem Anschluss an die Gemeinschaft der Pharisäer durchlief er eine Radikalisierung bis hin zur Nähe zu gewaltbereiten Kreisen. Alle, das ganze Volk, sollten sich nach ihrer rigorosen Interpretation der religiösen Tradition richten und strikt danach leben. Denn nur dann würde das Volk in Gerechtigkeit leben und nur dann würde ihm göttliches Heil zuteil. Die Verfolgung von Andersgläubigen, inklusive der Anhänger Jesu war eine konsequente Folge dieser Bekehrung. Aber dann, so erzählt die Apostelgeschichte (9,1-19), hatte Paulus sein Damaskus-Erlebnis. In einer grandiosen Lichtvision erschien ihm der auferstandene Christus und rief ihn in seine Nachfolge. Paulus erlebte und begriff das als seine Bekehrung vom „Leben im Gesetz" zum „Leben im Geist". „Denn was dem Gesetz unmöglich war, weil es durch das Fleisch geschwächt war, das tat Gott: Er sandte seinen Sohn in der von Fleisch und Sünde gezeichneten Gestalt und verdammte die Sünde so im Fleisch, damit die Gerechtigkeit, vom Gesetz gefordert, in uns erfüllt würde, die wir nun nicht nach dem Fleisch leben, sondern nach dem Geist" (8,3f.). Gerechtigkeit und Heil wurden einem geschenkt durch Christi Tod und Auferstehung allein aus Gnade. Paulus wurde bekehrt zum Reformjudentum der ersten Christen, für die galt: alle, die im vom Auferstandenen geschenkten Geist lebten, egal welcher nationalen oder sozialen Herkunft, gehörten in gleicher Weise dazu. Ähnlich wie zuvor als Pharisäer war Paulus jetzt rigoros: An dieser Offenheit für alle ließ er nicht rütteln. Das führte nicht nur zu heftigen Auseinandersetzungen mit seinen alten Glaubensgenossen, sondern auch mit neuen wie Petrus. Die verhielten sich gegenüber Heidenchristen zurückhaltender und ordneten sich im Zweifelsfall gewissen Reinheitsgeboten der jüdischen Tradition unter, auch wenn sie dadurch Heidenchristen vom gemeinsamen Abendmahl ausgrenzten. Paulus drohte in seiner kompromisslos offenen Haltung nach innen und außen zum christlichen Fundamentalisten zu werden. Erst im Laufe der Zeit, im Durchleben einer Vielzahl von Konflikten, wurde er bekehrt zu einer mehr pragmatischen und vielleicht kann man auch sagen: menschenfreundlicheren Spielart des Christentums. Er begriff, dass es im Glauben Starke und Schwache gab, und er erkannte, dass man auf Schwache Rücksicht nehmen musste. Zunehmend ins Zentrum aller religiösen Erfahrung und allen religiösen Handelns rückte für ihn die Liebe. Die Liebe konnte den sozusagen erneut Bekehrten dazu bringen, dass er auf seine Freiheit verzichtete um der Freiheit anderer willen. Die Folge war mehr Respekt vor Gläubigen, die sich in anderer Art als er an ihrem Gewissen orientierten. Und eine Tür versuchte er nun auch offenzuhalten für seine alten Glaubensgenossen, von denen er sich radikal entfernt hatte: auch ihnen, die an ihrer Erwählung als Juden festhielten und das Geschenk des Geistes Christi ausschlugen, versuchte er noch einen Weg zu Heil und Gerechtigkeit einzuräumen. Möglichst allen wollte er seine jüdische Tradition zugänglich machen – und zwar durch Glauben an Christus und seinen Geist: Dieser Glaube war für ihn ein Vertrauen, das das ganze Leben bestimmt und umhüllt. Dieses Vertrauen ist durch eine Krise hindurchgegangen und wurde mit Christus gekreuzigt und aus dem Nichts neu geschaffen, „so dass der Sinn des Lebens so unerklärlich ist wie die Tatsache, dass überhaupt etwas existiert und nicht nichts. Gott will durch diesen Glauben zum Gott aller Menschen werden, auch der Menschen, die ausgegrenzt und abgewertet werden: der Gott der Juden und Heiden, der Griechen und Barbaren, der Gebildeten und Ungebildeten, der Sklaven und Freien, der Gott von Männern und Frauen, Starken und Schwachen“ (Gerd Theißen). Und die, die von seinem Geist erfüllt sind werden von ihm geleitet in einem Leben voller Heilsgewissheit und Freiheit.

4

Vielleicht bedeutet Bekehrung oder die Kunst zum Glaubens zu finden heute noch immer diesem Geist nachzuspüren. Diesen über Zeiten und Generationen wirkenden Geist zu suchen, mich für ihn offen zu halten und dann, wenn er kommt und mich erfüllt, ihn wahrzunehmen und zu spüren. Man kann ihn nicht herbei zwingen. Man kann ihn sich nicht erarbeiten. Und man kann ihn auch nicht herbei denken. Man kann versuchen, sein Bewusstsein auf den zu fokussieren, von dem es heißt, dass er diesen Geist gibt. Dieser Geist ist uns verheißen und er ist da – und wenn es gut geht, dann durchströmt und erfüllt er uns. Das wird nicht immer in gleichem Maße, sondern in einem lebenslangen Prozess mit Krisen und Wandlungen geschehen. In jedem Fall kann man diesen Geist erbitten. Paulus versichert, offensichtlich aus eigener Erfahrung, dass man sich selbst in allerschlimmsten Lebenskrisen auf ihn verlassen kann: „Wenn wir nicht wissen, was und wie wir beten sollen ..., (dann) vertritt uns der Geist mit unaussprechlichem Seufzen“ (8,26). Ich kann meinen Fokus auf den Geistspender ausrichten. Dieser Geist ist der Wärmepol in meinem Leben. Er durchströmt mich, so oder so, er bewegt mich und bestimmt mein Fühlen und Empfinden, mein Denken und mein Handeln. Das kann mir helfen, elementaren Impulsen des „Lebens im Fleisch“ wie Schwarz-Weiß-Denken, Haben-Wollen oder Trostlosigkeit weniger nachzugeben. Der Geist umhüllt und erfüllt mich mit der Liebe, die ich zum Leben brauche und führt mich ins Offene. Dieser Geist ist das Leben, die Lebensenergie, die stärker ist als der Tod, weil sie durch den Tod hindurchgegangen ist. Mich gelegentlich schwankend Glaubenden kann sie stärken und aufrichten und immer wieder die Schönheit des Lebens fühlen und begreifen lassen. Diese Erfahrung führt letztlich zu einer Lebenshaltung, die sich ausdrückt in dem kleinen Satz, den Paulus über diesen Abschnitt stellt: „Dank sei Gott durch Jesus Christus, unseren Herrn“ (7,25): für mein Leben, für die Lebenskraft, die mich erfüllt, für diese Liebe, die mich umhüllt und die mich mit anderen Menschen verbindet über alles Vorfindliche hinaus.

Eine nette Geste

Predigt über Galater 2, 11-21

Paulus schreibt: Als aber Kephas (das ist Petrus) nach Antiochia kam, widerstand ich ihm ins Angesicht denn es war Grund zur Klage gegen ihn. Denn bevor einige von (Jesu Bruder) Jakobus kamen, aß er mit den Heiden; als sie aber kamen, zog er sich zurück und sonderte sich ab, weil er die aus dem Judentum fürchtete. Und mit ihm heuchelten auch die andern Juden so dass selbst Barnabas verführt wurde, mit ihnen zu heucheln. Als ich aber sah, dass sie nicht richtig handelten nach der Wahrheit des Evangeliums, sprach ich zu Kephas öffentlich vor allen:

„Wenn du, der du ein Jude bist, heidnisch lebst und nicht jüdisch, warum zwingst du dann die Heiden, jüdisch zu leben? Wir sind von Geburt Juden und nicht Sünder aus den Heiden. Doch weil wir wissen, dass der Mensch durch Werke des Gesetzes nicht gerecht wird, sondern durch den Glauben an Jesus Christus, sind auch wir zum Glauben an Christus Jesus gekommen, damit wir gerecht werden durch den Glauben an Christus und nicht durch Werke des Gesetzes; denn durch Werke des Gesetzes wird kein Mensch gerecht. ... Wenn ich das, was ich abgebrochen habe, wieder aufbaue, dann mache ich mich selbst zu einem Übertreter. Denn ich bin durchs Gesetz dem Gesetz gestorben, damit ich Gott lebe. Ich bin mit Christus gekreuzigt. Ich lebe, doch nun nicht ich, sondern Christus lebt in mir. Denn was ich jetzt lebe im Fleisch, das lebe ich im Glauben an den Sohn Gottes, der mich geliebt hat und sich selbst für mich dahingegeben. Ich werfe nicht weg die Gnade Gottes; denn wenn die Gerechtigkeit durch das Gesetz kommt, so ist Christus vergeblich gestorben."

1

Wodurch werde ich gerecht(fertigt)? Wodurch gewinne ich meine Identität? Wodurch werde ich, was ich sein soll?

Worum Paulus mit Petrus so erbittert gestritten hat, das ist für uns heute kein Thema mehr. Gestritten haben sie damals um die Heilsnotwendigkeit der Beschneidung für männliche Wesen. Daraus ergab sich die Frage, ob beschnittene Judenchristen mit unbeschnittenen Heidenchristen essen durften oder nicht. Das hätte dazu geführt, dass sie das in normale Mahlzeiten integrierte Abendmahl getrennt hätten feiern müssen. Nein, sagte Paulus, die darauf abzielenden Vorschriften aus den fünf Büchern Mose und die Ausführungsbestimmungen dazu aus der nachbiblischen Halacha sind für Christen hinfällig. Denn die Beschneidung und das Einhalten der

Reinheitsvorschriften verschaffen kein Heil. Das Leben nach dem Gesetz führt nicht dazu, dass diejenigen, die sich mehr oder weniger genau daran halten, sich mehr oder weniger gut eingeordnet finden in die kosmische Ordnung der Welt. Dadurch wird der Mensch nicht gerecht(fertigt). Dadurch gewinnt er nicht seine Identität. Dadurch wird er nicht was er sein soll.

Weil wir wissen, dass der Mensch durch Werke des Gesetzes nicht gerecht wird, sondern durch den Glauben an Jesus Christus, sind auch wir zum Glauben an Christus Jesus gekommen, damit wir gerecht werden durch den Glauben an Christus und nicht durch Werke des Gesetzes; denn durch Werke des Gesetzes wird kein Mensch gerecht.

Würden wir heute diese Sätze nur auf das Thema Beschneidung und Reinheitsvorschriften beziehen, könnten wir sie als erledigt abhaken. Für Christen ist das kein Thema mehr. Allerdings dekliniert Paulus am Beispiel der Beschneidung einen Grundsatzkonflikt durch. Jede Generation von Christen gerät bei jeweils aktuellen Themen in diesen Grundsatzkonflikt. Jede Generation läuft Gefahr, das, was ihr Leben, was ihre Identität bestimmt, von „Gesetzen“ abhängig zu machen. Auch unser Leben heute wird in vielfältiger Weise von Gesetzen bestimmt.

Uns beherrschen zum Beispiel die Gesetze des Marktes. Wir leben in einer durchökonomisierten Welt. Viele Menschen arbeiten hart, sind gnadenlos mit sich selbst und erfüllen bis zur Besinnungslosigkeit Ansprüche, die von außen an sie herangetragen werden. Politisches und wirtschaftliches Handeln folgt oft Gesetzen, die kaum noch jemand durchschaut, geschweige denn versteht. Offensichtlich ist nur, dass diese Gesetze verheerende Auswirkungen auf das Wohlergehen großer Teile der Menschheit haben, ohne dass diese die geringste Möglichkeit haben, sich diesen Auswirkungen zu entziehen.

2

Wodurch werde ich gerecht(fertigt)? Wodurch gewinne ich meine Identität? Wodurch werde ich, was ich sein soll?

Im Zentrum des Berliner Shopping-Zentrums „Das Schloss“ steht ein Brunnen. Ihn umschließt ein Rondell, das sich von dort aus drei Etagen in die Höhe schraubt. Das Plätschern des Wassers hallt durch den nach oben offenen Raum. Den Brunnen schmücken acht Figuren. Im Zentrum des von Naturstein eingefassten Beckens tragen vier Nymphen eine Schale, aus der eine Wasserfontäne nach oben schießt. Die herabregnenden Tropfen plätschern in das runde Becken und ergießen sich von dort in das große kleeblattförmige Brunnenbecken. Vier wasserspeiende Wale, auf denen barocke Putten sitzen, umringen die Szenerie. Im Wasser sind Scheinwerfer auf das Brunnenzentrum gerichtet. Sie spiegeln die Wasserbewegung auf den hell-schimmernden Oberflächen der Figuren wider. Gleitet der Blick von hier aus nach oben, entsteht das Raumgefühl einer in sich abgeschlossenen Welt – ähnlich eines Ozeandampfers, der von außen unsichtbar in seinem Inneren ein luxuriöses Interieur beherbergt. Die Betreiber haben diese Anlage „Brunnen des Lebens“ getauft. Neben dem Brunnen gibt es eine in den Boden eingelassene Windrose aus Messing. „Hier ist das Zentrum“, sagt sie, „hier, inmitten des Shopping-Centers, ist der Nabel der Welt. Hier sprudelt die Quelle des Lebens.“

„Träumen Sie schön.“ „Tauchen Sie ein in eine Welt voller Märchen und Zauber an diesem verkaufsoffenen Sonntag. Das Schloss verwandelt sich in einen orientalischen Palast und entführt Sie in eine Welt aus 1001 Nacht.“ Das Marketing zielt auf den Menschen in seiner ganzheitlichen Verfasstheit. Es zielt auf seinen Leib, seine Seele und seinen Geist. „Wollten Sie schon immer das Beste in Ihnen zum Vorschein bringen?“ fragt ein Flyer, der für eine Beauty-Woche wirbt. Das sagt: Das Beste in mir kommt zum Vorschein durch eine Beauty-Behandlung. Ich gehe nicht mehr einfach nur Einkaufen, weil ich etwas brauche. Im Shopping-Erlebnis finde ich zur Selbstverwirklichung. Das Shopping-Center, dieses zeitgenössische Theater, das die Welt bedeutet, beeinflusst höchst wirksam das Denken: Ich kann mein Leben absolut frei wählen. Ich kann es leben in Gestalt einer unendlichen Auswahl verschiedenster Dinge und Verhaltensweisen. Durch den Kauf bestimmter Dinge gestalte ich meine Identität. Ich gestalte sie sichtbar für andere, denn meine Identität hängt ab von meiner Kostümierung und von meiner Selbstdarstellung. „Zeige mir deine Handtasche und ich sage dir, wer du bist.“ Konsum wird zu einem Prozess der Sinnfindung und der Persönlichkeitsfindung. Beim Shopping finde ich Erfüllung und Befriedigung. Jedenfalls für den Moment. Shopping ist inzwischen fast unbemerkt zu einer Freizeitbeschäftigung geworden. Konsequenterweise hat Shopping in dieser Form inzwischen fast jeden Aspekt städtischen Lebens infiltriert oder gar ersetzt. Stadtzentren, Vorstädte, Straßen, Flughäfen, Bahnhöfe, Museen und das Internet werden geformt von Mechanismen des Shopping und verwandelt in Shopping-Centren. Bahnhöfe hatten früher oft schön gestaltete Warteräume, offene Sozialräume, in denen man einfach nur auf den Zug warten konnte. Das gibt es heute nicht mehr. Bahnhöfe wurden verwandelt in Shopping-Malls, in denen man nicht sein kann, sondern kaufen soll. Aufhalten kann man sich nur in Schnellrestaurants der üblichen Ketten. Die Reisende ist festgelegt auf die Rolle der Konsumentin. Andere Rollen wie die des Verkehrsteilnehmers, der Anwohnerin, der Bettlerin, des Flaneurs, die sich einfach im öffentlichen Raum aufhalten und bewegen, sind nicht mehr vorgesehen. Eine andere Entwicklung ist, dass Innenstädte permanent gefüllt werden mit Spektakel. Die Wirklichkeit wird verdrängt, im Spektakel wird Schein inszeniert. Arme, gesellschaftliche Außenseiterinnen, Nichtkonsumenten sind unerwünscht. „Die Leute wissen nicht mehr, was sie machen sollen“, sagte ein ehemaliger Manager des Berliner Shopping-Centers „Das Schloss“ im Interview. „Die Leute haben keine Hobbys mehr. Also gehen sie einkaufen.“ Die Betreiber der großen Shopping-Center und jene Konzerne, die ihre Filialen in solchen Centern einrichten, füllen das ideologische und kulturelle Vakuum unserer Gesellschaft mit ihren Inhalten. Es ist ein Vakuum nicht nur an Macht und Phantasie, sondern vor allem an Sinn und perspektivischer Kraft.

3

Wodurch werde ich gerecht(fertigt)? Wodurch gewinne ich meine Identität? Wodurch werde ich, was ich sein soll?

Denn ich bin durchs Gesetz dem Gesetz gestorben, damit ich Gott lebe. Ich bin mit Christus gekreuzigt. Ich lebe, doch nun nicht ich, sondern Christus lebt in mir. Denn was ich jetzt lebe im Fleisch das lebe ich im Glauben an den Sohn Gottes, der mich geliebt hat und sich selbst für mich dahingegeben.

Für Paulus geht es ums Prinzip. Die Glaubenden sind nicht mehr vom Gesetz abhängig. Sie sind dem Gesetz gestorben. Die Glaubenden stehen außerhalb der Gesetze der durchökonomisierten Welt. Sie stehen außerhalb des Herrschaftsbereichs der Waren und der Shopping-Center. Dieses Sterben, von dem Paulus hier redet, findet in der Taufe statt. In der Taufe findet die Glaubende einen neuen Lebensgrund. Ihre Rechtfertigung, ihre Identität, das, was sie sein soll – es wird ihr in der Taufe geschenkt. „Aus Gnaden.“ Umsonst. Die Identität des Getauften wird nicht durch sein Ego bestimmt. Und schon gar nicht durch das Ego, das er sich selbst zusammenstellt. Christus erfüllt ihn. Nicht sein Haben, nicht seine Ausstattung, nicht seine Performance bestimmt das Leben des Glaubenden. Seine Identität, das, was er sein soll, findet der Glaubende allein in Christus. Deshalb, so Paulus, sind Glaubende Freigelassene. Sie sind freigelassen von dem fixiert sein auf sich selbst. Sie sind freigelassen von dem fixiert sein auf Materielles und freigestellt gegenüber äußeren Zwangsmechanismen. Der Mensch findet allerdings nicht alleine aus den Zusammenhängen und Verstrickungen ins Gesetz heraus. Er kann sich nicht selbst befreien. Er muss von außen aufgebrochen werden. Die zum Leben befreiende Zusage geschieht in der Begegnung mit der Person Jesus von Nazareth – wie immer diese Begegnung geschieht. Christlicher Glauben lebt aus dieser Begegnung.

Jesus eröffnet den Glaubenden einen Freiraum. Den nennt er Reich Gottes. Zuerst und vor allem ist das ein Raum der Freiheit und der Zärtlichkeit. Die Erfahrung von

Freiheit ermöglicht selbstverantwortetes Leben aus Glauben und selbstbestimmtes Tun und Lassen. Diese Freiheit gehört elementar zum Person sein des Glaubenden. Der Gehalt, aus dem solche Freiheit lebt, ist die Zärtlichkeit, mit der Jesus den Menschen begegnet. Deshalb kann der Glaubende den Menschen lieben, der er ist und nicht den, für den er sich hält oder den er meint spielen zu müssen. Der Glaube hilft, in Freiheit zu leben und in der Zärtlichkeit zu bleiben. Das ist die Bestimmung aller Glaubenden, auch wenn sie zugleich ihre noch unverwirklichte Zukunft ist. Sie ist ihnen gegeben und verheißen. Dieser Glaube drückt sich aus in einem leidenschaftlichen Leben, in dem die Zärtlichkeit Priorität hat. Und die ist frei, weil sie nicht berechnet und nicht rechnen muss.

4

Es gibt leise Gegenbewegungen gegen die Shopping-Centerisierung unserer Städte. Ein Graffiti-Sprayer hat in Augsburg über mehr als ein Jahr hinweg knapp fünfhundert Blumen illegal an Hauswände, Briefkästen, Türen, Trafohäuschen und viele andere Stellen gemalt. Die Meinung der Augsburger Bürgerschaft dazu ist gespalten. Straftäter sagen die einen dazu. Kreativ-subversives Genie und liebenswerte Aktion nennen es die Anderen.

Ein Journalist fragte den Sprayer: „Wie soll man dich eigentlich nennen, Blumenmaler oder Blumenmann?“ „Belassen wir es einfach bei Blumenmaler, obwohl der ‚Malende Gärtner‘ auch seinen Reiz hätte.“ „Was war deine Motivation?“ „Die Menschen an die kleinen und schönen Dinge im Leben zu erinnern, denn in meinen Augen sind die meisten Menschen einfach unglücklich.“ „Wieso?“ „Wir leben in einer Konsumgesellschaft, die systematisch unsere Erde tötet, die Reichen werden reicher, die Armen immer ärmer. Wie lange soll das noch gut gehen? Es kann doch nicht sein, dass es so etwas wie Mitmenschlichkeit gar nicht mehr gibt! Wenn die Leute sich freuen, wenn du ihnen ein einfaches ‚Hallo‘ oder ‚Guten Tag‘ entgegenbringst, als ob es was Besonderes wäre. Meine Blume ist so ein ‚Hallo‘.“ „Hast du die Reaktionen der Leute auf die Blume beobachtet?“ „Aber sicher, es ist ja nicht zu übersehen, wie die Leute mit einem Lächeln an den Blumen vorbeigehen oder sogar stehen bleiben. Es freut mich jedes Mal aufs Neue, wenn ich Menschen bei so etwas beobachten kann.“ „Ist die Blume nun Kunst, Klamauk oder was ganz anderes?“ „Von allem ein bisschen, das kann der Betrachter für sich selbst entscheiden. In meinen Augen ist sie einfach eine nette Geste für meine Mitmenschen.“ „Allerdings eine illegale Geste.“ „Aber trotzdem eine nette Geste.“

Senfkornglauben

Predigt über Lukas 17, 5-6

Und die Apostel sprachen zu dem Herrn: Stärke uns den Glauben!

Der Herr aber sprach: Wenn ihr Glauben habt so groß wie ein Senfkorn, dann könnt ihr zu diesem Maulbeerbaum sagen: Entwurzle dich und pflanze dich ins Meer!, und er wird euch gehorchen.

1

Vielleicht dachten die Jünger: Glauben – den könne man groß und stark machen. Vielleicht meinten sie, Glauben könne man trainieren wie Muskeln oder Hirnzellen. Da muss es doch Mittel und Wege geben, das hinzubekommen? Womöglich dachten sie auch, es käme nur darauf an, einfach ganz fest zu glauben, dann würde schon alles gut. Wenn sie die Augen und die Hände so fest zusammen pressten, dass das Blut aus ihnen wiche, dann müsse die Hilfe Gottes kommen. Wenn ich ganz fest glaube, dann muss sich mein gerade aktuelles Lebensproblem lösen und nichts kann mir mehr geschehen. Vielleicht meinten die Jünger, der Glaube wäre etwas, mit dem wir Menschen Gott und seiner Hilfe habhaft werden könnten. „Herr, stärke unseren Glauben!" Der Superchrist/die Superchristin lassen grüßen.

Und wie reagiert Jesus darauf? Er malt den angehenden Superaposteln ein Bild vor Augen von etwas Kleinem, ja von etwas geradezu ungeheuerlich Winzigem. „Wenn ihr Glauben habt wie ein Senfkorn, dann..." Vermutlich hat Jesus an den schwarzen Senf gedacht. 700 Körner dieser Art ergeben ein Gramm. Die kann man nicht einzeln austeilen. Man kann sie sich nur in die Hand schütten. Sie lassen sich leicht wegblasen und werden vom Wind verweht. Schwarze Senfkörner konkurrieren mit nichts, was wir in unserer Welt für klein halten. Wenn wir allerdings eine Handvoll davon in unserem Garten in den Wind streuten, würden wir unser blaues Schwarzer Senf-Wunder erleben. Das Zeug wächst buchstäblich wie Unkraut. In Palästina wuchert es bevorzugt an Straßenrändern und auf Feldern, ohne dass der Mensch etwas dazu tut. Schwarzer Senf sät sich von selbst aus. Schon fünf Tage, nachdem der Samen in den Boden gelangt ist, fängt er an zu keimen und wird bis zu zwei Metern hoch. Dieser Senf verbreitet sich also ohne menschliche Aussaat und Pflege. Es ist ein reiner Naturvorgang.

„Wenn ihr Glauben habt wie ein Senfkorn, dann könnt ihr zu diesem Maulbeerbaum sagen: Entwurzle dich und pflanze dich ins Meer!, und er wird euch gehorchen." Die

Absurdität des Bildes, das Jesus malt, um seinen Jüngern eine Lektion in Sachen Glauben zu erteilen, wird mit jedem Wort grotesker. Rekurriert er gerade noch auf einen ganz normalen Naturvorgang, so zeichnet er jetzt ein Bild, das allen Realitätssinn, ja alle Sinnhaftigkeit sprengt. Ein Maulbeerbaum, der sich wider alle Ordnung der Natur selbst entwurzelt und sich neu im Meer einwurzelt – dieses Bild ist ja kompletter Unsinn. Das bedeutet: Jesus macht hier etwas, was man ihm in der Regel gar nicht zutraut: Er macht: einen Witz!

In heutigem Alltagsdeutsch könnte man seine Worte so paraphrasieren: Wenn in Euch, meine Freundinnen und Freunde, auch nur ein staubkornwinziges Stück Glauben steckt, dann könnt ihr die absurdesten und nach Maßstäben des allgemeinen Menschenverstands geradezu bescheuertsten Dinge bewirken. Mit einem winzigen Quantum Glauben könnt ihr euer eingefahrenes Leben sogar Kapriolen schlagen lassen.

Seriöser formuliert: Jesus weist uns darauf hin, dass wir keinen gewaltigen Glauben brauchen. Ein sehr kleiner reicht vollkommen aus. Selbst mit einem senfkornwinzigen Glauben können sich Wunder verbinden. Weder waren die Jünger Superchristen noch brauchen wir das zu sein. Es reicht, wenn unser Glaube sich immer wieder aus den Untiefen menschlicher Erfahrungen, aus menschlicher Schwachheit oder Feigheit, vielleicht sogar aus menschlicher Untreue aufrichten lässt. Dann kann Unmögliches möglich werden.

Schlimm wäre es nur, gar keinen Glauben zu haben, an nichts und niemanden zu glauben. Das hieße nicht nur den Glauben, sondern das Leben aufzugeben. Ein Senfkorn Glaube steckt deshalb in den Lebenshaltungen all der Menschen, die sich nicht einmachen lassen von Resignation und falscher Ergebung in falsche Lebenssituationen. Überall, wo in einem Menschen noch ein Funken Hoffnung steckt, wo er noch bewegt wird von Wünschen, Träumen oder Sehnsüchten, da steckt in ihm noch ein Keim, der wachsen kann. Solange das noch so ist, kann etwas von dem, was wir uns wünschen, erträumen oder ersehnen Wirklichkeit werden – und sei es aus der Sicht des sogenannten gesunden Menschenverstandes auch etwas so bescheuert großes, wie dass ein Maulbeerbaum sich selbst vom Land ins Meer verpflanzt.

Allerdings gleicht dieses Glaubensgeschehen, nimmt man Jesu Gleichnis-Wort ernst, ja einem Naturvorgang. Man kann Glauben nicht machen und nicht herbeizwingen. Glaube, selbst in der Kleinheit eines Senfkorns, ist ein Geschenk, fliegt uns quasi zu, nistet sich in uns ein und wird mehr oder weniger groß. Unsere Hoffnungen und Wünsche, unsere Träume und Sehnsüchte sind uns in den Geist geweht, werden uns ins Herz gesät und bestimmen unser Bauchgefühl. Dort haben sie sich verankert und verwurzelt. Widerfahren kann uns das bei den unterschiedlichsten Zusammenhängen: in zwischenmenschlichen Begegnungen, in Herzensbegegnungen und Herzensbewegungen, oder auch in ganz unterschiedlichen geistigen oder geistlichen Erfahrungen. Manchmal braucht es Geduld und man muss einfach warten, bis der Wind in Gestalt des Heiligen Geistes ein Samenkorn in einen hineinweht und Glaube wächst und Wirklichkeit verändert.

2

In dem Kinofilm „Mr. Morgans letzte Liebe“ spielt der 85-jährige große englische Schauspieler Sir Michael Caine den alten Matthew Morgan. Der lässt sich gehen. Matthew Morgan ist ein Amerikaner, der mit Eintritt in die Rente vor Jahren mit seiner Frau nach Paris gezogen ist, um hier das Leben noch einmal in vollen Zügen zu genießen. Nun sitzt er in seiner gemütlichen Wohnung in einer wunderschönen Stadt in einem Land, dessen Sprache er nie gelernt hat, und möchte am liebsten sterben. Er scheint um die achtzig Jahre alt zu sein, ist nicht mehr hundertprozentig fit und seine Frau ist seit drei Jahren tot. Die Kinder leben in den USA, aber er will sich unter keinen Umständen von ihnen zurückholen lassen. Am Vormittag schaut eine Zugehfrau vorbei, einmal in der Woche trifft er sich mit einer Bekannten, die gerne auf Englisch Konversation betreibt, zum Mittagessen in einem Restaurant. Sonst gibt es nichts mehr in seinem Leben, das ihm etwas bedeutet.

Bis er eines Tages im Bus auf ein junges Mädchen trifft, das in ihm etwas nicht mehr Erwartetes und vielleicht nicht einmal mehr Erhofftes auslöst. Er möchte sie unbedingt näher kennenlernen. Als sie ihn bei ihrer ersten Begegnung nach Hause begleitet wie einen gebrechlichen Opa, ist ihm das eher peinlich.

Pauline, das Mädchen aus dem Bus, tanzt etwas verloren durchs Leben wenn sie nicht gerade in einer Tanzschule Kurse gibt. Sie lädt Mr. Morgan ein zum Seniorentanzkurs und der traut sich tatsächlich hin, er verabredet sich mit ihr, geht mit ihr Essen, flirtet mit ihr und sie mit ihm. Einmal fährt er mit ihr aus der Stadt hinaus in ein Restaurant, und als sie dann mit eine Kellner abzieht, während er darauf wartet, dass ein Abschleppwagen seinen liegen gebliebenen Wagen mitnimmt, ist er verletzt und eifersüchtig.

Nicht dass Matthew, der mit Selbstmordgedanken spielt, diese Empfindungen nicht ernst wären – aber man merkt doch: dass er so fühlt, das hat nichts damit zu tun, dass er etwa ernstlich auf eine Affäre mit Pauline spekulierte. Die Beziehung wird nicht anzüglich. Die beiden spielen miteinander, wenn es gerade gut läuft, nur ein einvernehmliches Spiel, an dem sie beide Freude haben. Matthew hat etwas, worum sich sein Leben drehen kann, eine zaghaft Angebetete, mit der er sich zur Not auch in der Phantasie beschäftigen kann; und Pauline, die sich als genauso depressiv, desorientiert und einsam entpuppt wie er selbst, findet mit ihm ein wenig Halt. Und bald sind sie einander eher Familienersatz als irgendetwas sonst.

Natürlich verläuft so etwas nicht ohne Komplikationen, und richtig brenzlig werden die Dinge, als Matthew im Krankenhaus landet und seine Kinder aus Amerika anreisen und die seit jeher schwierige Beziehung zwischen Vater und Kindern zu eskalieren droht.

„Du bist der Riss in meinem Leben, durch den Licht herein fällt", sagt Matthew einmal zu Pauline. Das ist es, um was es letztlich geht. Beide kämpfen mit Erfahrungen, denen kein Mensch ausweichen kann, Erfahrungen, die früher oder später jeden treffen. Erfahrungen, die dazu führen, dass wir uns fühlen wie eingeschlossen in einen dunklen Raum und kein Licht mehr sehen. Hinter Paulines Verlorenheit steht der Verlust ihrer Familie, bei Matthew ist es der Tod seiner Frau nach über 40 gemeinsamen Jahren. Es ist die Erfahrung des Todes, des Todes geliebter Menschen und gewiss auch die Konfrontation mit dem Altwerden und der eigenen Sterblichkeit. Es ist die Machtlosigkeit des Menschen gegenüber dem Tod. Sie führt zu Einsamkeit und Verlassenheit und kann das Leben so sehr eintrüben und verdunkeln, dass kein Glaube mehr spürbar ist. Die Geschichte von diesen beiden Menschen erzählt davon, dass es trotzdem, dass trotz allem es sich zu leben lohnt, solange es noch irgendetwas gibt, wovon man träumen oder an das man glauben kann. Schon senfkornwinziger Glaube kann dazu zu führen, dass ein Riss entsteht, durch den Licht ins Leben fällt.

3

Jesu Bild-Wort ist aber auch ein grundsätzlicher Appell gegen menschliche Lauheit und Laxheit und Gleichgültigkeit, gegen Ich-Fixierung und auch gegen soziale Indifferenz. Denn anderswo verwendet Jesus das Bild vom Senfkorn auch als Bild für das Reich Gottes. Das Senfkorn verweist also auch auf die Gottesherrschaft, die klein und unsichtbar ihren Anfang nimmt und dann wächst und groß wird bis hin zur Verheißung ihrer einstigen Vollendung, „in der Gott wird abwischen alle Tränen von ihren Augen, und der Tod wird nicht mehr sein, noch Leid noch Geschrei noch Schmerz wird mehr sein" (Apokalypse. 21, 3).

Theologisch gesprochen: Vom Glauben gilt: Nicht wir haben Gott, sondern Gott hat uns. Nicht wir haben Glauben, sondern er wird uns geschenkt und gegeben. Wie der Wind das Senfkorn, so weht Gottes Geist den Glauben in unser Herz und unsere Sinne und lässt in uns und um uns das Senfkorn Reich Gottes aufgehen und wachsen.

Wir sollten dem bloß nicht im Wege stehen sondern es fühlen und begreifen – und leben. Manchmal reicht das bisschen Vertrauen, das wir haben, das wir investieren in unser eigenes Leben und auch in die Menschen an unserer Seite. Das ist alles, was wir haben und was wir sind. Mehr braucht es nicht.

Gesunde und Kranke

Predigt über Jakobus 5, 13-16

Leidet jemand unter euch, der bete; ist jemand guten Mutes, der singe Psalmen. Ist jemand unter euch krank, der rufe die Ältesten der Gemeinde zu sich. Sie sollen über ihm beten und ihn mit Öl salben im Namen des Herrn. Und das Gebet des Glaubens wird den Kranken retten, und der Herr wird ihn (vom Krankenlager) aufrichten; und wenn er Sünden begangen hat, wird ihm vergeben werden. Deshalb bekennt einander die Sünden und betet füreinander, dass ihr geheilt werdet. Viel vermag das beharrliche Flehen eines Gerechten.

1. Kranke: Die Außenperspektive

„Weißt du, dass Rita Brustkrebs hat?" fragt Selma. „Kein Wunder", meint Mira, die neben ihr in der Sauna sitzt. „Sie frisst alles in sich hinein. Hat sie mit dir je über ihre Beziehung zu Kai geredet? Da stimmt etwas nicht. Er ist dauernd weg, sie sitzt zu Hause mit den Kindern und lässt sich von denen auf der Nase herum tanzen." „Du hast Recht", sagt Selma. „Wenn sie mal klare Kante gezeigt oder sich wenigstens ausgesprochen hätte. Aber wenn du so wie sie alles in dich hineinfrisst, dann musst du ja Krebs bekommen."

Nik sitzt im Flugzeug. Um Tabletten einzunehmen, bittet er die Stewardess um ein Glas Wasser. Als die seine Handvoll Tabletten sieht, fragt sie: „Um Himmels Willen, was haben Sie denn alles?" Nik antwortet so neutral wie möglich: „Ich hatte einen Herzinfarkt." „Das kann man alles wieder in den Griff kriegen", sagt die Stewardess. „Da gibt es so ein Buch, die China-Diät, darin ist das beschrieben. Wenn man sich nur mit rohen Sachen ernährt, wie heißt das?" „Vegan", sagt Nik. „Genau, wenn man sich vegan ernährt, dann geht das alles wieder weg: Diabetes, Herzkrankheiten, Rheuma. Das müssen sie mal ausprobieren." Die Stewardess lächelt, Nik lächelt zurück und denkt: „Wenn es so einfach wäre. Aber jetzt lass mich um Himmels Willen in Ruhe.“

„Quantified Self“ heißt eine Glaubenslehre, die im Moment aus den USA nach Europa herüber schwappt. Ihre Anhänger erfassen mit hochtechnologischen Instrumenten kontinuierlich die eigenen Herzfrequenzen, Schlafrhythmen, Menstruationszyklen, Blutwerte, Nahrungsaufnahme und Bewegungsprotokolle. Das Selbst wird vermessen in seinem Stoffwechsel und Verhalten, um für falsch befundenes Körperverhalten abzustellen. Dafür gibt es Datenchips, die man schlucken oder sich implantieren lassen kann und Apps für das Smartphone, die die Daten registrieren und über die man sie direkt ins Internet stellt. Dort tauscht man sich in Communities darüber aus und kontrolliert und überwacht sich gegenseitig in seinem Verhalten. So versuchen die Anhänger dieser Glaubenslehre ihre Gesundheit, ihre Fitness und Leistungsfähigkeit zu optimieren und sich mit Hilfe modernster Technik als individueller Mensch zu perfektionieren.

In unserer Gesellschaft scheint sich zunehmend der Glaube durchzusetzen, körperliche Perfektion sei das höchste Gut. Wer nicht gesund ist, lebt nicht richtig. Wenn es einen optimalen Lebensstil gibt, der zum optimalen Körper führt, dann ist der, dessen Körper davon abweicht, daran selber schuld. Er versündigt sich an sich selbst und an der Gemeinschaft. Körperliches und seelisches Leid werden zur Charakterschwäche. Und Charakterschwachen muss der Rest der Gesellschaft keine Solidarität erweisen.

2. Krankheit und Sünde, Heilung und Glaube

Hört man den Text des Jakobus aus der Außenperspektive, als Gesunder mit Blick auf Kranke, dann sagt er: Wenn man krank ist, kann man etwas tun, damit man geheilt wird. Man kann die Ältesten der Gemeinde zu sich rufen, die für einen beten und einen salben, ja die ganze Gemeinde wird idealerweise für die Kranken beten. Und auch die Sündenvergebung kann mit zur Heilung verhelfen.

Es ist merkwürdig. Der Text führt uns in ein antikes Wirklichkeitsverständnis hinein, das wir nicht mehr teilen. Aber die daraus folgende antike Lebenshaltung scheint in unserer Gegenwart noch immer wirksam. Im Alten Testament gibt es kein eindeutiges Beispiel dass eine Krankheit mit einem erkrankten Organ in Verbindung bringt, wie es die moderne Medizin tut. Die Lebensführung der alten Israeliten war eine sakral geschlossene: Krankheiten mussten etwas mit Schuld und Sünde zu tun haben. Sie wurden verstanden als Folge von individuellem oder kollektivem Vergehen. Eine Krankheit konnte nicht einfach eine Krankheit sein, sie musste von Gott kommen als Strafe, als Vergeltung, als Warnung, als Erziehungsmaßnahme für menschliches Fehlverhalten. Im Neuen Testament hatte man schon ein komplexeres Krankheitsverständnis. Man konnte Kranke auch als unter dem Einfluss von Dämonen stehend begreifen. Voraussetzung für eine Heilung war Glauben im Sinne von Bitten und Beten um Heilung von Sündenvergebung und Umkehr oder von Dämonenaustreibung durch machtvolle Menschen wie Jesus.

Immerhin relativiert Jakobus den Zusammenhang von Krankheit und Sünde. Es kann eine Verbindung bestehen, aber es muss nicht sein. Jesus ignorierte Ursachenerklärungen und Schuldzuweisungen für Krankheiten und wandte sich den Kranken vorbehaltlos persönlich zu. Damit provozierte er die Frommen, denn Kranke galten als unrein, was sie kult- und gemeinschaftsunfähig machte. Jesus führte die Kranken aus dieser Isolation heraus und half ihnen, ihre sozialen Beziehungen neu zu gestalten.

Wir heute wissen oder könnten wissen: „Dinge passieren, weil sie passieren, der Kosmos handelt nicht mit Schuld." (Ludwig Hasler). Wir wissen oder könnten wissen, dass Krankheiten durch Bakterien, Viren, genetische Dispositionen und unerklärliche biologische Entwicklungen und Schicksale verursacht werden. „Eine Krankheit ist einfach eine Krankheit" (Susan Sontag). Eine Krebserkrankung, eine HIV-Infektion, ein Herzinfarkt sind einfach Krankheiten – ernste Krankheiten, aber eben Krankheiten. Weder sind sie Fluch noch Strafe noch Peinlichkeit. Sie sind Krankheiten ohne „Bedeutung". Und sie sind sinnlos. Keine Krankheit hat einen Sinn. Keine Krankheit hat etwas Gutes. Man kann sie deshalb auch nicht im christlichen Sinn als Chance deuten, etwas Gutes im Leben zu begreifen. Menschliche Sünde ist nicht die unmittelbare Ursache von Krankheit. Und die Erfahrung von Vergebung und Glaube führt nicht unmittelbar zur Heilung. Dass jemand, der an einer ernsthaften oder gar lebensbedrohlichen Krankheit leidet, durch Gebet und Salbung geheilt wird, ist bei uns ausgesprochen selten zu erleben. Auch die oft wissenschaftlich verbrämte Behauptung, dass wer glaubt gesünder sei, oder gar dass regelmäßiges Gebet die Gefahr, an Alzheimer zu erkranken, um 50% senke, ist Unsinn. Schlimmer noch, in ihrer unverschämten Frömmigkeit sind solche Behauptungen unfromm, weil sie in der vorläufigen Gesundheit von Menschen zwingend Früchte des rechten Glaubens zu ernten meint. Damit unterscheidet sich diese Art Frömmigkeit in nichts von der Haltung der eingangs vorgestellten Laienpsychosomatikerinnen aus der Sauna, der Ganzheitlichkeitsträumerin aus dem Flugzeug und den (überwiegend männlichen) Jüngern der „Quantified Self"-Bewegung, die Gesundheit zu ihrem Gott erheben.

3. Kranke: Die Innenperspektive

„O ihr Menschen die ihr mich für Feindseelig störisch oder Misantropisch haltet oder erkläret, wie unrecht thut ihr mir ... bedenket nur daß seit 6 Jahren ein heilloser Zustand mich befallen, durch unvernünftige Ärzte verschlimmert, von Jahr zu Jahr in der Hofnung gebessert zu werden, betrogen, endlich zu dem überblick eines daurenden Übels ... gezwungen, mit einem feurigen Lebhaften Temperamente gebohren selbst empfänglich für die Zerstreuungen der Gesellschaft, muste ich früh mich absondern, einsam mein Leben zubringen, wollte ich auch zuweilen mich einmal über alles das hinaussezen, o wie hart wurde ich dur[ch] die verdoppelte traurige Erfahrung meines schlechten Gehör's dann zurückgestoßen, und doch war's mir noch nicht möglich den Menschen zu sagen: sprecht lauter, schreyt, denn ich bin Taub, ... doppelt Wehe thut mir mein unglück, indem ich dabey verkannt werden muß, für mich darf Erholung in Menschlicher Gesellschaft, feinere unterredungen, Wechselseitige Ergießungen nicht statt haben, ... wie ein Verbannter muß ich leben, nahe ich mich einer Gesellschaft, so überfällt mich eine heiße Ängstlichkeit, indem ich befürchte in Gefahr gesezt zu werden, meine[n] Zustand merken zu laßen ... solche Ereignisse brachten mich nahe an Verzweiflung, es fehlte wenig, und ich endigte selbst mein Leben ... – Gottheit du siehst herab auf mein inneres, du kennst es, du weist, dasß menschenliebe und neigung zum Wohlthun drin Hausen ... - mit freuden eil ich dem Tode entgegen – ... befreyt er mich nicht von einem endlosen Leidenden Zustande"?

Anschaulich und bewegend schildert Ludwig van Beethoven die Einsamkeit des Schwerhörigen und seine Ängstlichkeit und Unsicherheit. Die Angst, sein Leiden könne entdeckt werden, treibt ihn in immer tiefere Isolation und Depression. Wie ein Strudel ziehen ihn die Folgen in den Abgrund. Einsamkeit, Nichtverstehen, Unverstandensein sind die größte Last jeden Leidens. Die sind mindestens so schlimm wie körperliche Beeinträchtigung und physischer Schmerz. Zu verstummen, sprachlos zu sein im Leiden, das ist die tiefgreifendste Infragestellung des Menschen und seines Lebenssinnes.

4. Gebet, Solidarität und Körperlichkeit

Hört man den Text des Jakobus aus der Innenperspektive eines Kranken, dann kann er auch heilsame Perspektiven eröffnen. Heilung ist unverfügbar. Man kann mit Sachverstand dafür arbeiten und darum kämpfen. Dazu sind Ärztinnen und Therapeuten da. Seelsorgende haben die Aufgabe, Kranke in der Krankheit zu stützen und im Heilungsprozess zu begleiten. Aber Heilungsprozesse sind offen und nicht jede Heilung führt zu völliger Gesundheit. Manche Krankheit führt zum Tod. Heilung ist ein relativer Prozess.

Seelsorgende sind dafür da, um den Kranken Räume offen zu halten, in denen sie klagen können. Klage überwindet die Sprachlosigkeit und das ist der erste Schritt zur Besserung. Jede Klage hat ihr Recht, weil in der Krankheit etwas am Wirken ist, das sich Gott entgegen stellt. Gott will, dass wir leben. Und auch wenn keine Krankheit aus Gottes Hand kommt, kann man mit Luther darauf bestehen, dass man trotzdem mit seiner Klage darüber Gott die Ohren reiben darf, dass sie rot werden. Die Klage des Einzelnen, das Fürbittgebet der Freundin, die stellvertretende Fürbitte der Gemeinde im Gottesdienst sind Ausdruck der Hoffnung in den getreuen und Leben schaffenden Gott. Paulus sagt, dass sich in solcher Klage sogar der Geist Gottes selbst bemerkbar macht, der dann, wenn wir nicht einmal mehr klagen können, das für uns übernimmt (Römer 8,26).

Jesus, Jakobus und den ersten Christen geht es aber nicht nur um Fürbitten, sondern auch um tätige Solidarität. Gemeindeleitende, ja die ganze Gemeinde ist damit beauftragt. Und tatsächlich ist diakonische Fürsorge für Kranke von Beginn an ein Markenzeichen des Christentums. Nicht nur das Beispiel Beethovens zeigt, dass Krankheit entfernt. Jeder Langzeitkranke kennt die Erfahrung: Zuerst gibt es viel praktisches Mitgefühl, danach ebbt es ab und je länger die Krankheit dauert, desto mehr zieht sich das Umfeld zurück. Aber niemand kann alleine mit dem Schmerz leben. Fürsorge ist der christliche Umgang mit Kranken, egal welche Krankheit sie haben. Fürsorge ist die unmittelbare Umsetzung des Liebesgebotes Jesu. Selbst dann, wenn der Mensch nicht mehr gesund werden kann, erfährt der Kranke durch die Unterstützung seiner Mitmenschen so etwas wie Heilung inmitten der Krankheit: Liebe eben, die auch körperlich spürbar ist.

Für Kranke, für die in der Krankensalbung die Verleiblichung der Heilszusage und der Heilsgegenwart Christi erfahrbar wird, ist dieses Ritual hilfreich. Aber nicht jeder Kranke kann etwas mit den Salbungsritualen anfangen, die heute in der evangelischen Kirche Wiederauferstehung feiern. Aus der Perspektive eines Kranken gehört, kann man Jakobus Hinweis auf die Salbung auch als Hinweis verstehen auf eine ganz elementare Erfahrung, die jede chronisch Kranke und jeder Schwerkranke kennt: Kranke haben einen Körper und sie brauchen Körperkontakt. Kranke brauchen andere mit einer Haut. Auch krebskranke, leukämiekranke, HIV-positive, auch hinfällige und demente Menschen leben von einem vollgültigen körperlichen Erkennen Anderer und vom körperlichen Erkanntwerden durch andere Menschen.

Dietrich Bonhoeffer schrieb einmal: „Jede christliche Gemeinschaft muss wissen, dass nicht nur die Schwachen die Starken brauchen, sondern dass auch die Starken nicht ohne die Schwachen sein können. Die Ausschaltung der Schwachen ist der Tod der Gemeinschaft.“ Er verweist damit auf einen urchristlichen Kernsatz: Kranke und Gesunde, Lebende und Tote sind und bleiben in Ewigkeit Teil der von Gott vorbehaltlos gewährten heilvollen Gemeinschaft, die wir Kirche nennen.

Unter diesen Voraussetzungen können auch unheilbar Kranke und bedingt Gesunde ein heilvolles Leben führen. Im Idealfall finden sie von der Klage wieder zum Lobpreis. Der kann sich in einer Lebenshaltung ausdrücken, wie sie Otto Tausig gefunden hat. Otto Tausig, Wiener Jude, Schauspieler und Regisseur, Spezialist für tragikkomische Rollen, der im vergangenen Jahr mit 89 Jahren starb, meinte in einem Interview anderthalb Jahre vor seinem Tod: „Ich hatte einen Herzinfarkt, meine Hüfte ist repariert, ich krieg vielleicht einen Herzschrittmacher, aber es ist doch ein sehr guter Zustand, dass man auf der Welt noch was zu tun hat.“

Müde

Predigt über Hiob 14,1-6

Der Mensch, vom Weibe geboren, lebt kurze Zeit und ist voll Unruhe,
geht auf wie eine Blume und fällt ab, flieht wie ein Schatten und bleibt nicht.
Doch du tust deine Augen über einen solchen auf, dass du mich vor dir ins Gericht ziehst.
Kann wohl ein Reiner kommen von Unreinen? Auch nicht einer!
Sind seine Tage bestimmt, steht die Zahl seiner Monde bei dir und hast du ein Ziel gesetzt, das er nicht überschreiten kann:
Schau weg von ihm! Lass ab, damit er sich seines Tages freue wie ein Tagelöhner.

1

Müde. Er war einfach nur müde. Am liebsten würde auf dem Sofa liegen bleiben und versinken in eine stille Dunkelheit. Seit langem schlief er schlecht. Seine Gedanken kreisten immer um dieselben Themen. Wie ein Krake hielt die Krankheit ihn in ihren Fängen und verstärkte unbarmherzig den Druck. Dieser Schrecken, der sonst alte Männer ergriff und am Ende aus dem Leben schüttelte, hatte ihn im fünfzigsten

Lebensjahr erwischt, mitten in einer seiner schlimmsten beruflichen Krisen. Er hatte immer viel gearbeitet. Fraglos war er ehrgeizig. Nach Gesellenprüfung im Handwerk, Abitur auf dem zweiten Bildungsweg und technischem Studium, hatte er sich spezialisiert auf den Betrieb hochkomplexer Maschinenanlagen und im Laufe der Jahre bei wechselnden Arbeitgebern hochgearbeitet. Seine Arbeitskraft war begehrt. Er reiste rund um die Welt, wo er in Sechzehnstunden-Arbeitstagen für seine Arbeitgeber fast schon abgestürzte Riesenprojekte rettete. Gesehen hatte er von dieser Welt außer Fabrikhallen und Hotels wenig. Gesundheitsförderlich war das nicht und auch nicht beziehungs- und familienfreundlich. Einmal war er für ein Jahr von zu Hause aus-, dann wieder eingezogen. Seine Frau und er mochten sich immer noch, aber die Leichtigkeit, die einst zwischen ihnen herrschte, hatte sich in eine Leere verwandelt. Der Sohn studierte und war außer Haus, die Tochter besuchte die 12. Klasse, das kostete, wie das Haus, das sie gebaut und noch nicht abbezahlt hatten. Sein beruflicher Abstieg war schleichend verlaufen. Mit zunehmendem Alter war seine Bereitschaft, sich alle Zumutungen von Seiten des Arbeitgebers bieten zu lassen, gesunken. Plötzlich galt er als schwierig und eines Tags fand er sich – eben noch gelobt für seine letzte Rettungstat in Brasilien – zu seiner Verblüffung vom neuen Chef gekündigt. Sein Anwalt schlug eine hohe Abfindung heraus, aber seine Branche kriselte. Es verbrachte ein halbes Jahr voller Panik, bis er eine neue Stelle fand. Die war schlechter als seine vorhergehenden. Trotzdem stürzte er sich in die Arbeit und spürte, wie sie ihn auslaugte. Von Jugend an hatte er Sport getrieben, war gelaufen, mehrmals sogar Marathon, Fahrrad gefahren und hatte Alpen-Gipfel erklommen. Die Müdigkeit danach genoss er. Das waren die einzigen kurzen Ruhepausen, in denen er sich entspannt fühlte.

Jetzt zwang ihn sein Körper zur äußeren Ruhe, die er innerlich nicht ertrug. Im Betrieb wurden schon seltsame Fragen gestellt. Warum er hinkte, ob er sich beim Sport verletzt hatte? Einige Jahre musste er noch durchhalten als Alleinverdiener, obwohl er wusste, dass seine Prognose miserabel war. Freunde bräuchte er, aber wer Freundschaften über so viele Jahre so lausig pflegte wie er? Jetzt lag er auf dem Sofa, so müde, dass selbst die Panik im Blick auf die Frage, was kommt, verschwunden war. Was war das für ein Scheißleben? Wofür hatte er sich so angestrengt? Für einen Arbeitgeber, die ihn ausgepresst hatte wie eine Zitrone und dann weggeworfen? Für das blöde Haus, für die Kinder, die er liebte und auf die blickte wie auf Fremde, die sich hinter einer Milchglasscheibe bewegten? Für sein Ego, um sich und anderen zu beweisen, dass er, der aus bescheidenen Verhältnissen stammte, „es konnte" und zu „etwas gebracht" hatte? Um als Wrack zu enden und an einer scheußlichen Krankheit auf scheußliche Weise zugrunde zu gehen? Müde. Er war einfach nur müde. Am liebsten würde auf dem Sofa liegen bleiben und versinken in eine stille Dunkelheit.

2

Wir leben in einer Leistungsgesellschaft. Blicken wir uns um in unserer Stadt, dann sehen wir eine Menge sogenannte Leistungsträger, die sich bewegen zwischen Fitnessstudios, Bürokomplexen, Banken, Fabrikhallen, Flughäfen und Shopping Centren. Diese Leistungsträger sind Unternehmer ihrer selbst in einer Arbeitswelt, die auf Eigenmotivation, Initiativgeist und Selbstverantwortung setzt. Es geht darum, ihre Leistung und Produktivität ständig zu steigern. Sie zu halten ist schon zu wenig. In ihren Lebens- und Arbeitsprozessen reagieren sie nach Möglichkeit sofort auf jede Anfrage, jede Anforderung, jeden Impuls. Zögern, Abwägen, Pausen, Unterbrechungen werden in dieser Welt als Störungen betrachtet. Rasant beschleunigte Kommunikation und permanente Erreichbarkeit gehören dazu. Man muss möglichst vieles gleichzeitig erledigen in diesem Wirbel an Reizen, Informationen und Impulsen. Das erfordert eine spezielle Aufmerksamkeitstechnik. Man kann sich nicht mehr auf eine einzelne Aufgabe oder auf etwas Elementares Nichtgeschäftliches wie das Essen oder das Lieben konzentrieren. Alles, was einen betrifft oder betreffen könnte muss man nebenher im Blick und im Kopf haben, um gegebenenfalls sofort zu reagieren. Diese Aufmerksamkeitstechnik, die heute erwartet wird, gleicht der, die unerlässlich ist für Tiere zum Überleben in der Wildnis. So konditioniert wird der Mensch als ganzer zur Leistungsmaschine, die fortwährend läuft. Als Kehrseite sind exzessive Müdigkeit und Erschöpfung fast zwangsläufige Folgen. Nicht nur für einzelne, für viele ist Erschöpfung zu einem Grundzustand ihres Daseins geworden. Es ist nicht nur so, dass viele Menschen in unserer Stadt in dieses System der Leistungsgesellschaft gar nicht erst hineinfinden. Ist man drinnen, fällt man leicht aus ihm heraus.

Zeittypische Krankheiten sind heute psychische Infarktkrankheiten, die durch Überforderung hervorgerufen werden: Depression, Aufmerksamkeitsdefizitsyndrom, Borderline-Persönlichkeitsstörung und das, was man als Burnout bezeichnet, was ich lieber Erschöpfungsdepression nenne. Leistungsträger müssen Können können. Können sie nicht mehr Können, brechen sie ein, verzweifeln an sich selbst, stürzen ab in Depression. Permanenter Leistungsdruck führt zu Einsamkeit und Bindungsarmut. Kommt es zum Infarkt der Seele erfährt man sich isoliert. Es ist eine böse, eine „entzweiende Müdigkeit“, eine „Alleinmüdigkeit“, die das zur Folge hat. Solche Müdigkeit schlägt den Menschen „mit Blickunfähigkeit und Stummheit“. Sie brennt ihm „das Sprechenkönnen aus der Seele aus“ (Peter Handke).

3

Hiob kann wenigstens noch sprechen. Seine Erschöpfung fasst er in Worte und seine Resignation wird zur Klage. Was ist das menschliche Leben? Nichts als vergebliche Mühe und Arbeit, Sorge und Qual. Am Ende steht der Tod. Hiob musste sich darüber wenigstens nicht selbst anklagen. Gott hält er vor, dass er für dieses fatale Schicksal des Menschen verantwortlich ist und den bedauernswerten Menschen im Laufe seiner irdischen Existenz (eine andere gibt es für Hiob nicht) fortwährend schikaniert und ihm nicht einmal kurze Momente der Ruhe gönnt.

Und Hiob bekommt wenigstens auch eine Antwort auf seine Klagen. Am Ende seiner Litanei antwortet ihm Gott in zwei großen Reden. Gott hält ihm darin die ganze große weite Welt vor Augen. Es ist eine bunte Welt, und diese farbige Welt kann keine heile Welt sein. Wo es Löwen gibt, brauchen die auch Futter. Der Löwe muss nicht Gras fressen in dieser Welt. Wo es Sonne gibt, muss es auch Regen geben, sonst würde aus der Erde nichts wachsen, und somit existieren auch Hagel und Sturm. Die Welt ist herrlich und schrecklich zugleich. Sie ist voller Widersprüche. Aber sie ist nicht als Ganzes Chaos, nur weil Hiob den Zustand der Welt an seinem momentanen individuell schlechten Ergehen bemisst. Zum Leben in dieser Welt gehört das Glück genauso wie das Unglück. Das eine gibt es nicht ohne das andere. (Wäre ein Leben ohne Liebeskummer ein besseres Leben?) Damit rechtfertigt Gott nicht das Böse, auf das er Hiob auch hinweist, wenn er in seiner zweiten Rede auf die mythischen Gottesfeinde, Behemot und Leviathan, mit ihrer vernichtenden Gewalttätigkeit verweist. Deshalb muss Hiob unterscheiden lernen: Es gibt erträgliches Leiden und unerträgliches Leiden. Es gibt Leiden, das man in sein Leben integrieren kann und Leiden, das das Leben zerstört. Das eine hat man. Das andere hat einen. Und das letzte ist und bleibt böse und sinnlos. Die Welt ist ein Ort voller gelebter Solidarität und Liebe. Und sie ist ein Ort des Fressens und Gefressenwerdens. Gott garantiert keine heile Welt, wohl aber, dass diese Welt nicht im Chaos versinkt und der Einzelne auch nicht. Hiobs Leiden haben keinen Sinn. Aber am Ende des Buches wird vom Ende des momentanen individuellen Leiden Hiobs erzählt und davon, dass Hiob wieder zurück findet in ein glückliches, sozial intaktes Leben. Ob der „kranke" Hiob wieder körperlich ganz gesund wird, davon ist nicht die Rede. Nur davon, dass dieser „Fall Hiob" ein gutes Ende erfahren hat.

4

Insofern zeigt auch uns das Hiob-Buch im Gesamten etwas zeitlos Wesentliches: Man muss die Welt im Ganzen betrachten. „Die Welt ist herrlich – die Welt ist schrecklich. Es kann mir nichts geschehen – ich bin in großer Gefahr" (Helmut

Gollwitzer). Diese doppelte Wirklichkeit, die ich manchmal nebeneinander oder gar ineinander erfahre, muss ich aushalten. Neben dem Schlechten, das ich erleide, gilt es, das Gute und Schöne, das es auch gibt, nicht aus dem Blick zu verlieren.

So könnte man es auch mit der Müdigkeit in unserer „Müdigkeitsgesellschaft“ (Byung-Chul Han) halten. Denn es gibt ja nicht nur die zerstörerische „Alleinmüdigkeit“. Daneben gibt es auch eine gesunde Müdigkeit, eine Müdigkeit, die sich - zugelassen - ins Positive wendet, die Pausen, Lücken und Zwischenräume eröffnet. Das wäre eine „weltvertrauende Müdigkeit“, die, wie Gott es Hiob zeigt, dazu verhülfe, vom Ich wegzuschauen und hinzublicken auf die große, bunte Welt. Man käme darin ins Schauen und Lauschen, man sähe darin und würde gesehen, berührte und würde berührt. Etwas davon mag Hiob erahnt haben, wenn er zu Gott sagt, dass er ihn doch wenigstens gelegentlich einfach in Ruhe lassen soll, damit er die Müdigkeit des Tagelöhners nach getaner Arbeit erfahren kann. Wenn man zur Ruhe kommt nach getaner Arbeit, dann kann dies auch ein befriedigendes Gefühl hervorrufen, das Empfinden, etwas geschafft zu haben und jetzt loslassen zu können. Am Schönsten ist es, wenn man diese Müdigkeit mit anderen teilen kann, wenn sie zu einer „Wir-Müdigkeit“ wird mit anderen, die an der Arbeit beteiligt waren.

An vielen Stellen erzählt die Bibel von der Tradition des Sabbat, von der Müdigkeit der Sabbat-Gesellschaft mit ihrer Kultur des Aufhörens, der Unterbrechung, des Nicht-Tuns, des Lassens mindestens an einem Tag der Woche. Und die Bibel erzählt auch von der Pfingstgesellschaft, wie sie müde und erschöpft zusammen saß nach der großen Krise nach Jesu Verschwinden und wie sie gerade in dieser Müdigkeit offen war, den Geist Gottes zu empfangen. Sabbat-Gesellschaft und Pfingstgesellschaft sind Modelle, die unserer Aktivgesellschaft diametral entgegen gesetzt sind.

Für geschäftige Vielflieger und betriebsame Leistungsträger wie den, von dem ich eingangs erzählt habe, gäbe es auch noch einen alternativen Umgang mit der durch ihr Reisen und ihre Geschäftigkeit bedingten Müdigkeit. Peter Handke erzählt, wie er nach langwierigem Nachtflug völlig übermüdet in New York landete. Statt sich im Hotel schlafen zu legen, ging er in den Central Park, setzte sich ins Café in die Frühherbstsonne und tat stundenlang nichts anderes als sitzen und schauen. Darin erfuhr er eine Verwandlung. Unweit toste der Verkehr und vor seinem Auge gingen unerhört schöne Frauen vorbei. „Aber keine Idee, daß wir, eine von ihnen und ich, darüber hinaus miteinander etwas anfingen; ich wollte nichts von ihnen, es genügte mir, ihnen endlich einmal so zuschauen zu können... Das Schauen dieses Müden war eine Tätigkeit, es tat etwas, es griff ein: die Akteure des Spiels wurden besser durch es, noch schöner – zum Beispiel, indem sie sich vor solchen Augen mehr Zeit ließen. Dieser langsame Lidschlag ließ sie gelten – brachte sie zu ihrer Geltung. Dem dergestalt Schauenden wurde von der Müdigkeit seinerseits das Ich-Selbst, das ewig Unruhe stiftende, wie durch ein Wunder von ihm weggenommen...: das selbstlose Schauen wurde tätig weit über die schönen Passantinnen hinaus, bezog ein in sein Zentrum der Welt alles, was lebte und sich regte.“

Literaturhinweise

Gewalt und Vertrauen (Römer 13, 8-12)

Siegmund Freud, Das Unbehagen in der Kultur, Frankfurt/Main 2004, 9. Aufl. S. 79
Miljenko Jergović, Sarajevo Marlboro, Frankfurt/Main 2009, S. 120ff.

Der Geruch von Weihnachten (Lukas 2/Matthäus 2)

Manfred Josuttis, Offene Geheimnisse, Gütersloh 1999, 159
Lyall Watson, Der Duft der Verführung. Das unbewusste Riechen und die Macht der Lockstoffe, Frankfurt/M. 2001 (Zitate von Rousseau und Kipling)

„Stille Nacht, heilige Nacht (Weisheit 18,14)

Wolfgang Herbst, Stille Nacht, heilige Nacht! Die Erfolgsgeschichte eines Weihnachtsliedes, Zürich und Mainz 2002

Die Melodie der Liebe (Johannes 12, 44-50)

Alain Badiou, Lob der Liebe, Wien 2011, 45
Byung-Chul Han, Agonie des Eros, Berlin 2012, 20
Cloud Atlas, Regie: Lana und Andy Wachowski, Tom Tykwer, USA 2012
Mattan Shachak, zitiert nach: Wir herrenlosen Sklaven. Was war noch mal das gute Leben? Auf einer Stuttgarter Tagung wurde die schleichende Ökonomisierung der Werte diskutiert. Süddeutsche Zeitung 11.12.2012

Veröffentlicht unter: http://predigten.evangelisch.de/predigt/die-melodie-der-liebe-predigt-ueber-johannes-12-44-50-von-klaus-pantle

„Da ist nicht mehr Mann noch Frau" (Galater 3, 27-28)

Transamerica, Regie: Duncan Tucker, USA 2005
Ruth Heß, „... darin ist nicht männlich und weiblich" – Eine heilsökonomische Reise mit dem Geschlechtskörper, in: „Dies ist mein Leib", Leibliches, Leibeigenes und Leibhaftiges bei Gott und den Menschen, hg. von Jürgen Ebach u.a., Gütersloh 2006, S. 158
Isolde Karle, „da ist nicht mehr Mann noch Frau..." Theologie jenseits der Geschlechterdifferenz, Gütersloh 2006, S. 14 und 270

Gotteserfahrungen (Psalm 73, 28)

Erich Fromm, Die Kunst des Liebens, Frankfurt/M. 1976, S. 117
Robert Misrahi, Leviathan und der Garten. Der Utopie die Wirksamkeit zurückgeben – eine bessere Welt ist möglich, in: Lettre International 103/2013, S. 42
Tomas Tranströmer, Romanische Bögen, in: Sämtliche Gedichte, München 1997, S. 216
Harald Welzer, Selbst Denken. Eine Anleitung zum Widerstand, Frankfurt/Main 2013
www.zeit-statt-zeug.de

Veröffentlicht unter: http://predigten.evangelisch.de/predigt/gotteserfahrungen-predigt-zu-psalm-7328-von-klaus-pantle

Transformation (Lukas 18, 31-43)

Marina Abramović – The Artist Is Present, Regie: Matthew Akers, USA 2012
Zitate aus folgenden Interviews mit Marina Abramović:
Süddeutsche Zeitung, 1.12.2012
http://www.interviewmagazine.com/film/marina-abramovic-the-artist-is-present-sundance/print/ (abgerufen am 2013-01-29)
Johannes Brahms, "Dein blaues Auge", op. 59 (Acht Lieder und Gesänge) no. 8 (1873)
Klaas Huizing, Ästhetische Theologie, Band 1, Der erlesene Mensch, Stuttgart 2000, S. 247

Veröffentlicht unter: http://predigten.evangelisch.de/predigt/transformation-predigt-ueber-lukas-18-31-34-von-klaus-pantle

Der Lebensbaum

Die Geschichten von Schwarzer Hirsch und Christophorus finden sich in: Halbfas, Hubertus, Der Sprung in den Brunnen. Eine Gebetsschule, Düsseldorf 1995, 13. Aufl., S. 53ff.
Abbildungen der Wandmalereien von Käte Schaller-Härlin (1913) in der Evangelischen Stadtpfarrkirche Stuttgart-Gaisburg finden sich unter www.gaisburger-kirche.de

„Take this waltz, it's all that there is" (Johannes 21, 15-19)

Take This Waltz, Regie: Sarah Polley, USA 2013
Leonhard Cohen, Take This Waltz (in Anlehnung an ein Gedicht von Federico Garcia Lorca)
Alain Badiou, Lob der Liebe, Wien 2011, S. 71
Byung-Chul Han, Agonie des Eros, Berlin 2012, S. 21
Emanuel Lévinas, zitiert nach Hartmut Thyen, Das Johannesevangelium, HNT 6, Tübingen 2005, S. 788
Gerhard Marcel Martin, Vogel-frei. Drehmomente der Christus-Begegnung, Stuttgart 1992, S. 96

Veröffentlicht unter http://predigten.evangelisch.de/predigt/predigt-ueber-johannes-21-15-19-von-klaus-pantle

Demut? Respekt! (1. Petru 5, 1-5)

http://www.lyricsfreak.com/g/grandmaster+flash/the+message_20062225.html
http://www.songtexte.com/artist/bushido-5bd6e368.html
http://lyrics.wikia.com/Thomas_D:Lektionen_In_Demut
http://www.oldielyrics.com/lyrics/bob_marley/one_love_people_get_ready.html
8 Mile, Regie: Curtis Hanson, USA 2002
Inge Kirsner/Frank Hiddemann, Lebenskunst im Film, WzM 58/2006 Heft 1
Florian Werner, Rapocalypse. Der Anfang des Rap und das Ende der Welt, Bielefeld 2007

Veröffentlicht unter http://predigten.evangelisch.de/print/predigt/demut-respekt-predigt-zu-1-petrus-5-1-5-von-klaus-pantle#

„Gott will, dass wir Kekse essen." (Römer 8, 18-27)

Veröffentlicht in: Pantle, Klaus, Gott will, dass wir Kekse essen. Stuttgarter Predigten 1998 bis 2012, Jena 2012, S. 100ff.

„Jauchzet Gott in allen Landen!“ (Jesaja 12, 1-6)

Veröffentlicht in: Im Namen Gottes, Kanzelreden 5. Predigtreihe, hg. von Christoph Dinkel, Stuttgart 2012, S. 218-224

LöwenLieben

Giuseppe Antonio Brescianello (1690 – 1758), Tisbe, Übersetzung nach dem Originalmanuskript aus dem Bestand des Baden-Württembergischen Landesarchiv Stuttgart von Antonio di Martino
Jan Kott, Shakespeare heute, Berlin 1989
Erich Fried, Shakespeare, Band 1, Berlin 1989
Hans Blumenberg, Löwen, Frankfurt/Main 2001
Gerhard Marcel Martin, Das Thomasevangelium. Spiritueller Kommentar, Stuttgart 1998

Lebenskunst des Umwegs (Johannes 14, 15-19)

Matthias Sellmann, Der große Wunsch, aus dem Leben eine Kunst zu machen. Eine pastoraltheologische Phänomenanalyse, in: Lebensberatung – Weisheit – Lebenskunst, hg. von Isolde Karle, Leipzig 2011, S. 185ff.
Gerhard Marcel Martin, Predigt und Liturgie ästhetisch. Wahrnehmung – Kunst – Lebenskunst, Stuttgart 2003, S. 184ff.
Marcel Hénaff, Die immateriellen Güter. Über Nichtgreifbares und Unschätzbares – der Markt und das Preislose, in: Lettre International 100/2013, S. 123ff.

Veröffentlicht unter http://predigten.evangelisch.de/predigt/lebenskunst-des-umwegs-predigt-ueber-johannes-1415-19-von-klaus-pantle

Bekehrung (Römer 8, 1-11)

William James, Die Vielfalt religiöser Erfahrung, Frankfurt/M. 1997, S. 207ff.
Zwischen uns das Paradies, (im Original: Na putu/ „Auf dem Weg“), BiH 2010
Gerd Theißen, Die Bekehrung des Paulus und seine Entwicklung vom Fundamentalisten zum Universalisten, Evangelische Theologie 70/2010, S.24.

Veröffentlicht in: Dinkel, Christoph (Hg.), Kanzelreden Bd. 6, Stuttgart 2013

Eine nette Geste (Galater 2, 11-21)

Antje Böhme, Träumen Sie schön. Ästhetischer Schein und gesellschaftliches Sein am Beispiel des Shoppingcenters, Bielefeld 2012
Sind so kleine Blumen. In Augsburg gibt es Ärger um Wildwuchs an Hauswänden, in: Süddeutsche Zeitung 23.07.2012 (http://jetzt.sueddeutsche.de/texte/anzeigen/551602/Sind-so-kleine-Blumen abgerufen am 2012-07-26)

Veröffentlicht unter http://predigten.evangelisch.de/print/predigt/eine-nette-geste-predigt-ueber-galater-2-11-21-von-klaus-pantle

Gesunde und Kranke (Jakobus 5, 13-16)

Ludwig van Beethoven, Heiligenstädter Testament, http://de.wikisource.org/wiki/Heiligenst%C3%A4dter_Testament
Dietrich Bonheoffer, Gemeinsames Leben, in: Werke Bd. 5, München 1987, 80

Ludwig Hasler, Mehr Himmel, mehr Hölle, mehr Drama, in: DU. Die Zeitschrift für Kultur Nr.828, Glaube. Das Mysterium menschlicher Existenz, 20
Susan Sontag, Krankheit als Metapher, München 1978, 16
Otto Tausig, in: Der Dagegen-Denker von Willy Winkler in Süddeutsche Zeitung vom 11.04.2009
Juli Zeh, Selbstvermessung, in: Menschen – Das Magazin – hg. von der Aktion Mensch http://www.menschen-das-magazin.de/wissen/index.php?sid=3ff3565a3605b89d3f2695b17cfc42fa&cid=214
Zum Gesamten: Krankheitsdeutung in der postsäkulären Gesellschaft. Theologische Ansätze im intgrdisziplinären Gespräch, hg. von Günther Thomas und Isolde Karle, Stuttgart 2009

Veröffentlicht unter http://predigten.evangelisch.de/predigt/gesunde-und-kranke-predigt-ueber-jakobus-5-13-16-von-klaus-pantle

Müde (Hiob 14, 1-6)

Peter Handke, Versuch über die Müdigkeit, in: Drei Versuche, Frankfurt/Main 2001, 39.
Byung-Chul Hqan, Müdigkeitsgesellschaft, Berlib 2012, 7.Aufl.

Veröffentlicht unter http://predigten.evangelisch.de/predigt/muede-predigt-ueber-hiob-141-6-von-klaus-pantle

Printed by Books on Demand GmbH, Norderstedt / Germany